文明互鉴文库
初识中华文化基因丛书

陆海书系
LANDSEA

中希文明互鉴中心
西南大学汉语言文献研究所　组编

占问苍天

出土文献中的数术文化

王化平　著

西南大学出版社
国家一级出版社　全国百佳图书出版单位

图书在版编目（CIP）数据

占问苍天：出土文献中的数术文化/王化平著.--重庆：西南大学出版社，2025.1
ISBN 978-7-5697-2298-7

Ⅰ.①占… Ⅱ.①王… Ⅲ.①迷信术数－中国－古代 Ⅳ.①B992

中国国家版本馆CIP数据核字(2024)第030146号

占问苍天：出土文献中的数术文化
ZHAN WEN CANGTIAN：CHUTU WENXIAN ZHONG DE SHUSHU WENHUA

王化平 著

责任编辑：畅　洁
责任校对：李晓瑞
装帧设计：殳十堂_未　氓
排　　版：张　艳
出版发行：西南大学出版社（原西南师范大学出版社）
　　　　　地址：重庆市北碚区天生路2号
　　　　　邮编：400715
经　　销：全国新华书店
印　　刷：重庆升光电力印务有限公司
成品尺寸：145 mm×210 mm
印　　张：7.5
字　　数：175千字
版　　次：2025年1月　第1版
印　　次：2025年1月　第1次印刷
书　　号：ISBN 978-7-5697-2298-7

定　　价：45.00元

"文明互鉴文库"编辑委员会

主 任

崔延强

委 员（按姓氏笔画排列）

王本朝　王牧华　文　旭　邹芙都　张发钧
孟蓬生　赵国壮　徐松岩　郭美云　冀开运

丛书序

崔延强

在人类文明的浩瀚星空中,有两颗璀璨的明星,一颗在东方,一颗在西方,相映成趣,熠熠生辉。在东方的叫作中华文明,在西方的叫作希腊文明。中希两大文明以同样深厚的文化底蕴和特色鲜明的文化基因,为人类文明的发展做出了不朽的贡献。

不同文明的交流互鉴是推动人类文明进步和世界和平发展的重要动力。中希两大文明的交流互鉴,乃至于后续即将开展的中西文明互鉴,对于保持人类文明的多样性和构建人类命运共同体具有重要意义。为了让更多的人了解五千年的中华文明史并感受中华文化的独特魅力,深入推进中希文明交流互鉴,我们特别推出"初识中华文化基因"丛书,作为"文明互鉴文库"的一个系列。该丛书还得到中共重庆市委宣传部的大力支持,并收录于"陆海书系",在此表示诚挚的感谢!

丛书首批共有七册,内容围绕文字本体、文字的物质载体、书法艺术、文字的文化内涵展开,涵盖了甲骨占卜材料、青铜器及其铭文、简帛文献、出土秦汉法律文书、简帛数术文化、石刻书法艺术和纳西哥巴文等多个方面。这些内容不仅是对中国传统文化的深入挖掘，更是对中华文化基因的细致解读。

在甲骨占卜材料中，我们将带您领略古人如何借助神秘的龟甲兽骨来探寻天地之间的奥秘；在青铜器及其铭文中，我们将揭示那些精美的青铜器背后所蕴含的历史沧桑；在简帛文献中，我们将带您穿越时空，感受古人的智慧与才情；在出土秦汉法律文书中，我们将解读那些千年前的法律文书所揭示的社会风貌；在简帛数术文化中，我们将揭示古人如何运用数术来认识世界、预测未来；在石刻书法艺术中，我们将带您欣赏那些刻在石头上的书法艺术，感受中华文字的魅力与力量。此外，我们还将对纳西哥巴文进行概述和研究，探讨这一古老的纳西族文字与汉族文化的交流与融合。

这套丛书的内容深入浅出，语言通俗明快，适合国内各个年龄层次的读者，也适合国外研究汉学的专家和学习汉语的外国留学生。无论您是文化爱好者、历史研究者，还是对中华文化感兴趣的普通读者，都能够在这套丛书中找到属于自己的乐趣并有所收获。

我们期待这套丛书能够成为中希文明互鉴的一座桥梁，促进不同文化之间的交流与融合，推动人类文明的共同进步和世界的和平发展。

让我们从这套丛书开始共同踏上探寻中华文化基因的旅程吧！

前言

古代中国的数术很丰富,也很复杂,占卜是其中历史最悠久、影响最大的一种,与很多数术形式存在千丝万缕的联系。因此,我想先谈占卜与中国文化之间的联系。

无论何种身份,人们对自己的未来总是充满了焦虑。今天,我们有许多化解焦虑的手段。生病或被虫豸咬伤,可以上医院。遇上洪水、地震等自然灾害,虽然免不了一时恐慌,但因应急救援体系逐步完善,救助模式更加成熟,不用过度担心。出门远行,有许多交通工具可以选择,不必为安全过分焦虑。但对古人来说,却不是如此。在古代社会,未来的不确定性远大于现代,时代越是久远越是如此。生病或意外伤害会令人惊慌不已,一旦多日不愈,就唯恐死亡降临。遇上自然灾害,看到辛苦经营的家园瞬间被毁,心中近乎天崩地裂。长途旅行前,与亲人道别可能就是一场生死之别。因为路途中或许会遇上老虎等猛兽,使人尸骨无存;也可能遇到疾疫,使人病倒他乡,甚至孤病无依;还可能遇上洪水、地震之类的灾难,或碰上劫匪、战争。总之,远离家人的长途旅行是充满危险的。

不确定性如此之多,应对的手段却少得可怜。生病受伤,只有求助巫医。洪水来临,逃难之外,就是听天由命。长途旅行中,除修炼好各类求生技能之外,只能自求多福。

生活的不确定性催生了焦虑,为了缓解焦虑,人们发明了许多方法,占卜就是其中一种。古人认为,占卜是求问于鬼神的有效手段之一。但是,占卜本身亦有不确定性。灼烧龟甲不一定会有裂纹,或许裂纹乱七八糟,无从辨认。用数字占卜,得到的数字很多,同样有解读的问题。因此,人们运用占卜的过程中,不断总结控制手段,持续改善。经历长时间的改善后,有的占卜方法变得十分成熟。对操作占卜的人来说,这当然是他们期待的结果之一。不过,对占卜方法本身的存亡来说,这却未必是好事。一种成熟的占卜方法有可能因为过于成熟而失去神秘性和发展空间,然后被淘汰。

古人遭遇不确定性只能求助于神灵,占卜是人类与神灵沟通的途径之一。这条通神之路如果让人一眼看透,则人人均可通神。在有些人看来,这未必是一件好事。因此,占卜方法有必要保持它的不确定性、神秘性。流传至今的许多占卜方法之所以仍能使人们相信,秘诀正在于不是所有人都通晓这些占卜方法,对大多数人来说,其仍有令人着迷的神性魅力。

在中国,最古老的占卜方法之一是今天人们极少使用的骨卜。商周时期,人们对骨卜十分信任,无论生老病死这样的个人事务,还是战争胜负这样的军国大事,无事不可问于龟甲兽骨。西周初期以后,人们对骨卜的信任度有所降低,但一直到两汉时期，此法仍然是人们迷茫之际，求神指路时仰赖的方法之一。至于在西北、西南等偏远地区，20世纪时，人们仍常常乞灵于骨卜。

大约比骨卜略晚的时候，人们发明了用数字占卜的方法。这种方法比骨卜难度要大，因为它建立在人类的数学知识之上。这种方法首先要通过某种手段获得若干数字，然后依据这些数字进行分析，判断吉凶休咎。到殷商时期，可能已经有了八卦，只不过并未用阴、阳等符号来书写。到西周中晚期，《周易》可能已经完成编纂。不过，直到春秋时期，用《周易》占卜未必比骨卜等更为流行。

星占术也是一种非常古老的占卜方法，它的难度比骨卜和数占更大，因为它建立在天文知识之上。天上的星辰比地上的人还要多，要认识这些星辰，总结它们的出没规律，不是一般人能做得到的。因此，相较于骨卜和数占，中国星占术发展得要慢一点，直到战国时期才有了突飞猛进的发展。但是，由于星占术的复杂性，它一直只被少数人所掌握，所能占卜的范围也多限于军国大事。

就后世的情形来说，中国古代的占卜术唯有《周易》经久不衰。这要得益于《周易》独特的符号体系和卦爻辞体系。在《周易》的符号体系中，虽然基本要素只有阴、阳二爻，但是二者经过三次重叠得八卦，六次重叠得六十四卦之后，却能生发出无穷尽的变化。比如八卦之间有先天卦序、后天卦序之分，在这个基础上，六十四卦的卦序又不同。对于不同的卦序，人们又有各种不同的解释。至于卦爻辞体系，则是用时而浅显、时而隐晦的诗性语言组织成各种意象,然后据此意象写出吉凶。《周易》中"象"与"辞"的联系,更是变化莫测,令人着迷。

当然,《周易》的经久不衰并不单是因为它的占卜功能。战国以后,《周易》更多时候是一部思想经典,是儒家的经典之一。在汉武帝独尊儒术之后,《周易》的地位更高,朝廷里立有博士专门研习、传承。隋唐之后有了科举,《周易》亦是考试的主要参考典籍,是官方命题、考生答题的重要依据之一。

除了在人文领域有巨大影响,《周易》的魅力还蔓延至科学领域,比如天文、医学、数学等。可以说,《周易》对中国文化的渗透几乎是全方位的。而《周易》的本质,却是一部卜筮书,是古人用于预测未来、占卜吉凶的一个文本。只不过这部卜筮书的编纂形式、语言风格别具一格,编纂者又在其中糅入道德教训、人生经验,于是使《周易》具备了哲学气质。

既然《周易》的影响如此之大,那么对一个试图了解中国古代文化的人来说,了解《周易》,了解古代占卜及其文化,无疑是一个切实可行的途径。

占卜文化由古人在认知世界、不断探索的过程中发展出来的一系列预知未来、推测吉凶的知识体系、行为习惯和各类典籍组成。这种文化具备一些突出的特点。首先,这种文化设定人类身处的宇宙或世界,甚至包括人体自身和外部世界,均是复杂的整体,这个整体的各部分之间存在着可知的、不可知的形形色色的联系。占卜的任务,就是归纳总结这些联系,通过这些联系认识大千世界,最终预测未来。

其次,占卜是一种巫术行为,它与科学纵然存在弗雷泽所说的本质性的联系，但终究不是科学。巫术在事物之间确立起来的联系不外乎相似律、接触律，占卜亦是如此。殷人以龟甲作为占卜工具，是出于对龟的神秘崇拜。《史记·龟策列传》将龟之长寿、强盛的生命力说得神乎其神，其目的就在于说明龟的知识远远超出人类，故人类问于龟，可以知晓未来；问于龟，犹如问于智慧的老者。以蓍草为占，则是出于对数字的浓厚兴趣。在《大戴礼记》中有一篇《易本命》，通篇阐述各种数字与一些特定事物之间的联系。在《尚书·洪范》中，用数字总结了"五行"等。不仅古人如此，当今人们亦是如此，有吉利的数字，也有不吉利的数字。因此，用数字占卜，无非是相信这个世界可以归结为数字，通过数字可以认识世界，也可以预测未来，因为未来的发展是有逻辑可循的。也就是说，占卜虽不可信，但其实隐含有理性的成分。

再次，占卜具有不确定性，每次占卜的解释空间都较大，未必有确凿的答案。之所以如此，是因为占卜所建立的联系是模糊的、不稳定的。归根结底，是不科学的。在具备较大解释空间这点上，占卜与诗歌几乎是相同的。正因为如此，《周易》经文要使用诗歌般的语言组织繇辞，世界上很多占卜文献也是如此。今人熟知的抽签也是一种占卜。每次抽到的签文通常是一首或多首诗歌，且诗歌的意思多是模棱两可的，不同人或许会有不同的解释。也就是说，占卜通常会利用模糊的语言来表达预测结果。这既与其本身的不确定性相关，也与其保持神秘性的内在需求相关。

最后，占卜虽然是以人神沟通的形式预测未来，但是操纵者始终是人，卜具的选择、占卜的流程、卜兆的解释，无不有人的理性参与其中，并起着决定性的作用。因此，占卜又强烈地表现出人类试图掌控这个世界的意图。这一点看起来很像一幕讽刺剧，但事实就是这样。用占卜预测未来并不是单纯的智力巫术，它的目的是试图更好地设计未来，掌控未来。因此，占卜者虽然相信神的存在，但又可笑地去尝试改变神的旨意。而中国的占卜文化，又深深地染有"德性思维"。比如《周易》，它虽然是预测之书，但又告诫人们固守德性，弘扬仁善，以此躲避厄运，走向善终。

既然中国文化深受占卜影响，那么它的一些特点自然与占卜存在关联。

首先，中国文化具备一种所谓的"系统性思维"，这虽然已经成为文化研究界的陈词滥调，但事实上就是如此。很多人将这个"系统性思维"理解为中国文化的优长，这是很乐观的。但我并不愿意接受这种乐观主义，因为我觉得这种思维更多时候是一种缺陷。缺陷的具体表征就是模糊性。由于我们不以分析的眼光看待世界，所以我们不太注重事物之间的区别，不太注重通过概念来进行逻辑运算。我们看重的不是"辨"，而是"同"。

其次，普通中国人至今仍容易对神秘主义的东西产生兴趣，并在生活中奉行。比如中国养生思想中所谓的"以形补形"就属此类。许多食物仅仅因为与人体某个部位相似，便被认为有益于这个部位，于是被推荐为补益食品。至于这种食品的具体成分，则有可能至今未得确知。不过，这并不妨碍"它是补品"之类的知识代代相传，经久不衰。再比如，着迷于算命、风水之类的中国人并不少，纵然到了海外，这种习惯依然不变，甚至更信之。

再次，中国人的日常言语并不追求精确性，反而有着许多模糊性。以中国的烹饪来说，对油盐酱醋各式调料的用量，食谱上并不用度量衡（尽管中国也有度量衡）予以精确标出，而是用"少许""一勺"等难以把握的词汇描述。中国的古代典籍在讨论思想问题时，不仅不像西方经典那样有一套严密的概念、术语体系，而且习惯用故事、叙述性的语言表达抽象的理念。这种方式对现今中国人的生活仍产生影响，相较于抽象的表达，人们更倾向具体的行动。在各类影视作品中，现实主义的题材占有相当大的比重，对死亡、苦难做抽象性思考的作品则要少得多。后者往往被大部分中国人斥为晦涩，因而很难在市场上取得成功。具体的事情、现实的呈现固然较为直白，但相较用精确概念、术语组织起来的抽象表达，它们又是可以从多种角度进行解读的，因而有许多不确定性。

最后，虽然不是全部中国人，但至少是大部分中国人，相信命运掌握在自己手里，自己可以开创自己的未来。中国文化虽然是一种多神文化，但许多中国人实际上并不相信神。这是很讽刺的，信仰的神越多，就等于不信。因为什么时候信什么样的神，完全取决于人的现实需要。而这种需要是由人自己，或现实来决定的。因此，信神是迫于现实需要，而非纯粹的精神需要。这其实不是信仰神，而是需要神，是一种赤裸裸的功利行为。源自西方的马克思主义之所以能在中国产生如此强大的影响力,其实与中国文化自身的特质相关。这种特质就是对人自身力量的乐观,对神的不信仰。"天作孽,犹可活。自作孽,不可活",说的就是人可自救、神不可救人的道理。"人定胜天",更是直白地告诫人们,人类可以胜过天神。人类是否可以战胜天神暂且不论,单就抱有这种信念的文化来说,它是很难对一神教产生太多兴趣的。

至少从隋唐时代以来,西方的基督教就开始传入中国。基督教在中国的历史已经有一千多年,但仍然难说是主流宗教。中国的主流宗教仍是本土的道教,和与基督教同样是西来,但早已被中国化的佛教。基督教在中国的这种境遇固然有某些特殊原因,但主要的还是中国文化具备一些与基督教存在极大冲突的特质。

爱好谈论道德是中国文化的另一种特质。在《周易》中,道德被认为是足以改变命运的东西。在宋明理学家看来,人人均有成为圣人的质地,只是有人心中的这种质地被遮蔽,使他最终成为平凡的贩夫走卒之流。有人心中的这种质地被保有、发扬、生长,最终成为圣人。归根结底,这仍是对人自身力量的信仰。而在基督教世界中,神只有一个,其他人都是神的子民,永不可能成为唯一的神。

要之,由于占卜文化是中国文化中很重要的一个方面,因此中国文化在很多方面带有占卜文化的特点。以上所说大体都是一些缺陷,是片面的。事实上,占卜文化也带给中国文化一些令人愉悦的特点。比如,由于中国人多相信自己可以把握未来,故而比较勤奋,不会耽溺于空想,只愿在实干上耗尽自己的精力。又由于中国人对抽象性的东西相对淡漠，故而一般生活得富有生趣，在饮食上很愿意花费时间和精力。中国人的多神信仰使中国人虽然在神灵面前显得不够诚实，但却着实能解决许多燃眉之急，一遍又一遍地点起希望之灯，永不绝望于人世。

占卜是自久远的古代以来，一直延续至今的一种文化现象，不宜用糟粕或非糟粕的标准去度量。它的出现、发展和延续，始终与人类的焦虑相关。由于占卜的存在，人类的一些焦虑可以得到排解，在这个苦难的世界中多一点慰藉。心灵得到慰藉，这未尝不是好事。但是，占卜终究解决不了任何实际问题。幸好，人们很多时候也不企求占卜真能解决实际问题。人们要的，不过就是看到苦难的尽头，寻得坚韧生活下去的勇气。

目录

第一编　钻龟焚骨，占卜求吉　/ 001
一、钻凿而灼，观兆决疑　/ 005
二、层层把关，机构复杂　/ 011
三、一卜再卜，不厌其烦　/ 018
四、甲骨通灵，不废人谋　/ 024
五、历代编著，卜书甚多　/ 033

第二编　奇偶阴阳，变幻莫测　/ 049
一、可三可六，形式多元　/ 051
二、因而重之，周人始创　/ 061
三、一阴一阳，是为易道　/ 071
四、亦诗亦筮，圣人系之　/ 084
五、疑而卜筮，据象释卦　/ 091
六、由象入义，化为经典　/ 102

第三编　奇幻梦境，卜以问之 / 113

第四编　阴阳五行，杂以八方
　　　　——秦汉时期的《日书》 / 155
一、东南西北，无吉不往 / 161
二、生子卜日，以求富贵 / 167
三、良辰吉日，男婚女嫁 / 171
四、或病或愈，择日卜之 / 174
五、官不可逆，卜而见之 / 175
六、择日稽盗，无往不胜 / 180
七、日常起居，不可不慎 / 183

第五编　日月星辰，风雨雾电
　　　　——简帛中的星占术 / 199
一、运行有度，吉凶可测 / 202
二、天有文，气有象 / 208
三、风雨雷电，吉凶其间 / 216

第一编

钻龟焚骨 占卜求吉

第一编 钻龟焚骨,占卜求吉

唐代诗人白居易有一首《放言》:

> 赠君一法决狐疑,不用钻龟与祝蓍。
> 试玉要烧三日满,辨材须待七年期。
> 周公恐惧流言日,王莽谦恭未篡时。
> 向使当年身便死,一生真伪有谁知?

诗中所说"钻龟",指的是用龟甲占卜决疑。与此法类似的,是用兽骨决疑。由于两者方法相同,只是所用材料有别,故一般统称为"甲骨占卜"。其中"甲"指龟甲,"骨"指兽骨。中国最早的卜用甲骨发现于新石器时代的仰韶文化晚期,是羊、鹿、牛等动物的肩胛骨。发现的这些卜骨在数量上并不多,都未加修整,无钻无凿,由此可知占卜流程是比较简单的。在此后的龙山文化诸遗址中,考古人员也发现过卜用甲骨,但数量都不多。在时代再晚点的二里头文化遗址(一般认为是夏文化)中,同样发现有卜用兽骨,且数量较之此前增加了许多。不仅如此,在较厚的牛肩胛骨上,已经出现整治的痕迹,出现先钻后灼的现象。以上这些都是卜用兽骨。

目前最早的卜甲发现于郑州南关外期,属于商代早期的考古遗址。到商代中期,卜甲的地位可能已经超过卜骨,且操作流程渐趋复杂。卜甲上有钻、凿、灼,表明当时的人们对甲骨占卜已有较多的控制方法。

> 泷川资言《史记会注考证·龟策列传》

发现卜用甲骨最多的还是在殷墟类型的考古遗址中,在商代历史上,这已经是商代晚期。自1899年人们在河南安阳发现甲骨以来,在殷商晚期的考古遗址中,已经发现数以万计的甲骨,足见在殷商王公贵族阶层中,甲骨占卜极其流行。

殷商的甲骨占卜之风在西周时期得到延续,但风格已有较大变化,比如卜辞契刻得细小如发,不易辨认。钻凿形态也多有变化。从《尚书》之《洪范》《金縢》《洛诰》以及《诗经·小旻》等篇看,甲骨占卜在西周以后仍然相当流行。纵然到了春秋战国时期,甲骨占卜还是广受欢迎,是人们决疑的主要手段之一。

到汉代时,甲骨占卜渐趋消亡。司马迁撰《史记》,专列《龟策列传》,可惜失传,现今看到的乃褚少孙补入。从褚少孙补入的材料看,他对甲骨占卜的认识与前人已经多有隔膜。后来清代人研究甲骨占卜,所能利用的材料就更少了。

所幸今日的研究有殷墟甲骨、周原甲骨等实物,通过整理、研究这些实物上的痕迹,再结合古代文献中的蛛丝马迹,人们终于可以了解到古代甲骨占卜的大体流程。

一、钻凿而灼,观兆决疑

早期的卜用兽骨多数未加整治,没有钻凿。到后来,人们可能发现有时较厚的骨头经过灼烧之后,未必会有卜兆呈现。也可能是为了控制卜兆的走向,避免过于繁乱,无从判断。所

> 朴载福《先秦卜法研究》书影

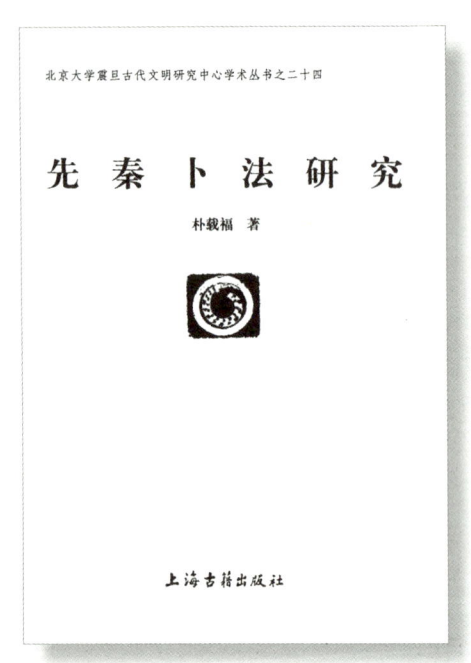

以先民开始通过钻凿来加以控制,以保证灼而有兆,观兆而能识。

据学者的研究,商代晚期肩胛骨的整治和占卜大体可分六步。第一步,消除肩胛骨上的肉和软骨组织,放置晾干。第二步,去掉骨头边缘一些突起的部分,切去骨臼的一半或三分之一,最后去掉臼角。第三步,将整个肩胛骨削平磨光。第四步,施钻凿,然后放置一段时间。第五步,烧灼,进行占卜。第六步,根据卜兆判断占卜的结果,占卜后有可能在卜骨上契刻占卜记录。

商周时期的卜用龟甲通常有腹甲、背甲两类。腹甲一般用整体,各部位有不同的名称。腹甲正中相当对折线的位置称为"千里路",腹甲左右两侧突出,呈翼状的部分称为"甲桥"。靠近龟首的地方称为"甲首",靠近龟尾的部位则是"甲尾"。腹甲上的纹路称为"盾纹",它往往将整块腹甲分成若干区域。背甲也有若干部位名称,如颈甲、脊甲、尻甲、肋甲、边甲等,都是据龟的不同部位来命名的。

至于龟甲的整治加工,其流程与卜骨有些相似。首先,是对龟甲的外形进行整治,腹甲通常用其整体,背甲多一分为二。其次,对龟甲的不同部位进行加工,目的在于使其整齐、平滑,便于使用。最后,在龟甲上施钻、凿,以待卜用。

甲骨上的钻、凿在不同的时代会有不同的形态,这一时代特征使钻、凿形态的研究成为甲骨学中的一个重要课题。一般来说,商代晚期的卜用甲骨的钻、凿、灼是齐备的,凿常常是弧形(枣核形),有的凿旁会有圆钻,位于凿的斜上方,钻内施灼。西周时期,卜骨的钻坑为圆形,平底,坑底一侧有猫眼状槽,槽旁施灼;卜甲则方钻方凿。商、周时代的甲骨在钻凿形态上有较明显的区别,因此这也成为推断甲骨时代的根据之一。

钻、凿的设计是为了灼龟甲时较易在甲骨没有钻、凿的一面出现卜兆,并控制其走向。这种设计说明纵然占卜是一种巫术活动,人类的理性始终试图把握发展走势。这种意图的存在既是占卜得以发展的原动力,也是占卜术最终走向消亡的根源。

整治洁净,钻凿完备之后,在正式灼烧之前,人们会向神灵祈祷,说出占卜的原因、事项,甚至说出希望得到的结果。《史记·龟策列传》中有以下一段话:

> 即以造三周龟,祝曰:"假之玉灵夫子。夫子玉灵,荆灼而心,令而先知。而上行于天,下行于渊,诸灵数䇲,莫如汝信。今日良日,行一良贞。某欲卜某,即得而喜,不得而悔。即得,发乡我身长大,首足收入皆上偶。不得,发乡我身挫折,中外不

相应,首足灭去。"

这段话虽然是汉代人记录下来的,但与商周时期的甲骨占卜仍是相当符合的。《尚书·金縢》篇记载周武王病危之时,周公以己身质押于周人的三位祖先:太王、王季、文王。史官将周公交代的祝词记在简册上,然后代为祝号:

惟尔元孙某,遘厉虐疾。若尔三王,是有丕子之责于天,以旦代某之身。予仁若考,能多材多艺,能事鬼神。乃元孙不若旦多材多艺,不能事鬼神。乃命于帝庭,敷佑四方,用能定尔子孙于下地,四方之民罔不祗畏。呜呼!无坠天之降宝命,我先王亦永有依归。今我即命于元龟,尔之许我,我其以璧与珪归俟尔命;尔不许我,我乃屏璧与珪。

祝号结束后,"乃卜三龟,一习吉"。接着写道:"启籥见书,乃并是吉。公曰:'体,王其罔害,予小子新命于三王,惟永终是图。兹攸俟,能念予一人。'公归,乃纳册于金縢之匮中。王翼日乃瘳。"

虽然《金縢》篇所记仅是一个故事,但是必有其史实素地。史官祝号时说的话与《龟策列传》中"祝曰"以下的内容在性质上是相似的,都是占卜前向神灵祈祷,说出占卜的原因、事项、希望得到的结果等。在占卜之后,史官和周公看到卜兆,先有了初步的判断:"一习吉。"然后打开一个盒子,验之卜书,仍是吉利的。周公知道结果后,说出了自己的判断,并感谢神灵。

最后一句"王翼日乃瘳"是记载占卜之后发生的事情,以此证明占卜结果的正确性。

以上过程在商周考古发现的甲骨卜辞中都有体现,比如下面一条卜辞:

癸巳卜,㱿贞:旬无㐭。王固曰:有祟,其有来艰。迄至五日丁酉,允有来艰白西,沚聝告曰,土方征于我东鄙,𢦏二邑,㝬方亦侵我西鄙田。(《甲骨文合集》06057正·3)

其中"癸巳卜,㱿贞"是叙事,"旬无㐭"说的是占卜的事项,并希望得到的结果。"王固曰:有祟,其有来艰"是占辞,是"王"看到卜兆后下的判断。"迄至五日丁酉"以下则是验辞,记载了五天后的"丁酉"日,与土方等发生的战争。这一段验辞是在事实发生之后刻上去的,而占辞则在事实发生之前,占卜完成之后刻上去的。虽然像这种叙事、命辞、占辞、验辞等要素皆完整者在卜辞中为数不多,但足以证明《龟策列传》《金縢》所反映的甲骨占卜流程是正确的,是可信的。甲骨卜辞的出土,更证明了《金縢》里所说的"纳册",即记录占卜过程、保存记录是真实存在过的制度。

保存记录的目的与刻写验辞一样,都是为了验证占卜是否正确。占卜时并非一事仅卜一次,而是常常多次施卜,从不同的角度占问。刻写这些记录时,为了简省和方便,常常会省略掉一些要素,所以很多卜辞并不同时具备占辞、验辞等所有的要素。

虽然占卜在商周时期盛行一时,且20世纪以后的人们在河南安阳、陕西凤雏等地发现了数以万计的甲骨残片,但是,人们至今不能通晓依据卜兆判断吉凶的方法。从出土的甲骨卜辞、上海博物馆藏楚竹书中的占卜书,以及《金縢》《周礼》《仪礼》《史记·龟策列传》《汉书·艺文志》等文献的记载看,先秦时期一定存在供占卜时翻阅的卜书。不过,这些卜书绝大多数已经亡佚。甲骨残片上的卜辞与兆纹之间的内在联系至今难以梳理,《龟策列传》上关于兆纹的一些术语也深奥难测,读之令人如坠茫茫云雾。清代学者曾作过一些研究,比如胡煦有《卜法详考》,洋洋洒洒数万字,越读越令人迷惑。

> 胡煦《卜法详考》书影

二、层层把关，机构复杂

翻开《周礼》，可以看到与甲骨占卜相关的职官和相关描写，比如《周礼·天官·鳖人》：

鳖人：掌取互物。以时簎鱼、鳖、龟、蜃，凡狸物。春献鳖、蜃，秋献龟、鱼。祭祀，共蠯、蠃、蚳，以授醢人。掌凡邦之簎事。

文中所说"秋献龟、鱼"，即涉及甲骨占卜之材料来源的问题。《礼记·月令》有"季夏……命渔师伐蛟，取鼍，登龟，取鼋"。其中，"登龟"应是为甲骨占卜提供原材料。又《周礼·春官·龟人》："中士二人；府二人，史二人，工四人，胥四人，徒四十人。"虽然这个罗列可能过于理想化，但足见事涉龟卜的官职并不少。《周礼·春官·大卜》：

以邦事作龟之八命，一曰征，二曰象，三曰与，四曰谋，五曰果，六曰至，七曰雨，八曰瘳。以八命者赞三兆、三易、三梦之占，以观国家之吉凶，以诏救政。凡国大贞，卜立君，卜大封，则视高作龟。大祭祀，则视高命龟。凡小事，莅卜。国大迁、大师，则贞龟。凡旅，陈龟。凡丧事，命龟。

文中说"以邦事作龟之八命"，是说遇国之大事，大卜则命龟占卜，事涉八类，有"征""象""与""谋""果""至""雨""瘳"。

对于其中有些事项的认识,学术界仍有一些争议,比如什么是"象",什么是"与"。如果是"卜立君,卜大封",则"视高作龟"。遇"大祭祀",则"视高命龟"。"视高作龟"包括两件事,一是"视高",二是"作龟"。郑玄注云:"视高,以龟骨高者可灼处,示宗伯也。大事宗伯莅卜,卜用龟之腹骨,骨近足者其部高。……作龟,谓凿龟令可爇也。"而"命龟"则是"告龟以所卜之事"。"陈龟",则是将龟甲摆在备用之处。从以上描述来看,卜问事情不同,参与人员也有不同,因此大卜的具体事务也会有所变化。大体来说,大卜的职位较高,掌握着龟甲占卜的核心环节。临近重大事务,则大卜亲力亲为占卜中的重要环节,确保不会有差池。若是小事,他只是列席旁观而已,很多事务由其他小吏完成。另外,在大卜之外,还有"卜师":

> 卜师:掌开龟之四兆,一曰方兆,二曰功兆,三曰义兆,四曰弓兆。凡卜事,视高。扬火以作龟,致其墨。凡卜,辨龟之上下、左右、阴阳,以授命龟者而诏相之。

卜师大体上是大卜助手,有"开龟之四兆""视高""作龟""辨龟"等职责,最终"授命龟者而诏相之"。郑玄以为"开龟之四兆"是指占卜结束后,翻出卜书,以供人判断卜兆之吉凶。孙诒让综合黄以周等人的意见,认为若"开"谓"发书",则"经不当属龟为文矣",其说甚是。按孙氏分析,"开龟,盖谓开发其兆,包钻、凿、爇、灼诸事言之"。下文有"扬火以作龟,致其墨",墨即兆。因此,孙说应当是正确的。至于"方兆""功兆""义兆"

"弓兆"等名词的具体含义,则因无古代卜书资料,就是汉代的郑玄也不知其详。还有龟人一职:

> 龟人:掌六龟之属,各有名物。天龟曰灵属,地龟曰绎属,东龟曰果属,西龟曰雷属,南龟曰猎属,北龟曰若属。各以其方之色与其体辨之。凡取龟用秋时,攻龟用春时,各以其物入于龟室。上春衅龟,祭祀先卜。若有祭事,则奉龟以往;旅亦如之,丧亦如之。

龟人的职责是非常明确的,主要是藏龟。文中说到"六龟之属,各有名物",可知藏龟时是分类收藏的。又"取龟用秋时,攻龟用春时,各以其物入于龟室",指取龟、攻龟各有时令,完成之后,分别入藏,不使混淆。当有事需要占卜时,龟人则取出龟甲,供人使用。

灼龟时需要燃料,这也有专人掌管,《周礼·春官·菙氏》:

> 掌共燋契,以待卜事。凡卜,以明火爇燋,遂龡其焌契,以授卜师,遂役之。

又《周礼·春官·占人》:

> 掌占龟,以八筮占八颂,以八卦占筮之八故,以视吉凶。凡卜筮,君占体,大夫占色,史占墨,卜人占坼。凡卜筮既事,则系币以比其命;岁终,则计其占之中否。

占人掌管以龟甲占卜,而占卜之时,又有君、大夫、史、卜人参与,可见甲骨占卜绝非一人专司其职,程序很多,有许多人参与其中。另外,卜筮结束之后,还有记录、保存。年底时,还有"计其占之中否"。若无专人司掌保存、出纳,则所谓的"计其占之中否"就是不可能的。

> 乌龟腹甲

以上鳖人、大卜、卜师、龟人、菙氏、占人共六种职官,涉及取龟、攻龟、藏龟、钻龟、凿龟、灼龟、命龟、占龟、占后书契、保管等龟甲占卜的所有方面。虽然有些职事还不甚明了,但大体可知春秋战国时期的占卜事务已有非常明确的分工。大体来说,这种分工首先是以事设职,因事异工,即为不同的环节设置专门职官。职官的具体事务虽有常规,但会因实际情况而出现变化。

关于《周礼》的成书时间和性质,学术界存在一些争议,但目前大部分学者还是认可此书的史料价值。在殷墟甲骨出土以前,上文引述的甲骨占卜职官因文献稀少的原因,其可信度受到一定影响。但殷墟甲骨出土之后,随着研究的深入,人们发现就占卜职官来说,《周礼》的记载是有许多可信成分的。

甲骨学大家董作宾曾撰有《商代龟卜之推测》一文,是较早依据实物,对甲骨占卜方法进行系统研究的作品。此文在开篇时说:

今欲于商代龟卜之法,作系统之研究,则须先决以次各问题:贞卜之龟,何从得之?是为"取用"。种类,大小,何由别之?是为"辨相"。生龟不能用,必祭而杀之,是为"衅煮"。杀之之后,剔取其腹下甲而"攻治"之。此筹备卜事于始也。筹备既竣,乃可从事于贞卜,而所卜维何?又须前定,是为"类例"。于是"钻凿"焉,"燋灼"焉,见"兆璺",定吉凶焉,而后"书契"文辞于兆侧以识其事;此卜事之全也。贞卜既已,"庋藏"龟册,而卜事终矣。

由董氏列出的上述事项看,龟甲占卜的整个流程涉事繁多,各环节若无有司职掌,其中很容易出现差谬。

以"取用"来说,卜辞中有"用龟"之语,董氏以为即商人取龟之卜。又,卜辞中有"某入若干"一类的记事刻辞,是记载龟甲来源的。从这类记事刻辞看,殷墟占卜材料的来源比较多,若无严格有序的出纳管理,就很难源源不断地为天天都在进行的占卜提供数量庞大的材料。此可证《周礼》所说鳖人等献龟当有所本,绝非杜撰。

既然有出纳管理,似亦有分类,这就需要对龟甲之大小尺寸、品相等做记录,这一环节与"取用"联系密切。

董作宾援引甲骨卜辞中有"煮龟三牛"一句,推测其与杀龟、祀龟等相关。煮是一种祭祀,类似于"今世俗之焚香烛以祀百神"。此可证殷商时期确有祀龟的做法,而祀龟是为杀龟作准备的,文献中所说"上春衅龟"等,也是可信的。祭祀之事涉及的人、物均较复杂,似亦应有相关之职官。

从殷墟所出龟甲实物看,龟甲、兽骨都要经过整治后方用于占卜。这类整治的事情要经过锯去突出部分、去除表皮之胶质鳞片、刮平坼文等等步骤,并不简单,同样需要有专门从事之人。

至于卜事之分类,则与选择何人占卜、占卜之后的收藏等密切相关。据前文所引《周礼》记载可知,不同的事类可能会由不同的职官施行占卜。而占卜之后,到岁终时又要看占卜应验与否,此类工作若无详细分类管理,难度必然增大不少。

在占卜之前,还会钻、凿甲骨,以提高灼烧甲骨时出现卜兆的概率。若钻、凿不得当,则会导致灼烧甲骨时看不到兆纹,或兆纹太乱,难以辨识。因此,钻、凿极其关键。殷商时期用龟数量极其庞大,则钻、凿的从事人员亦当不少,似乎也应有专门的管理。

第一编　钻龟焚骨，占卜求吉

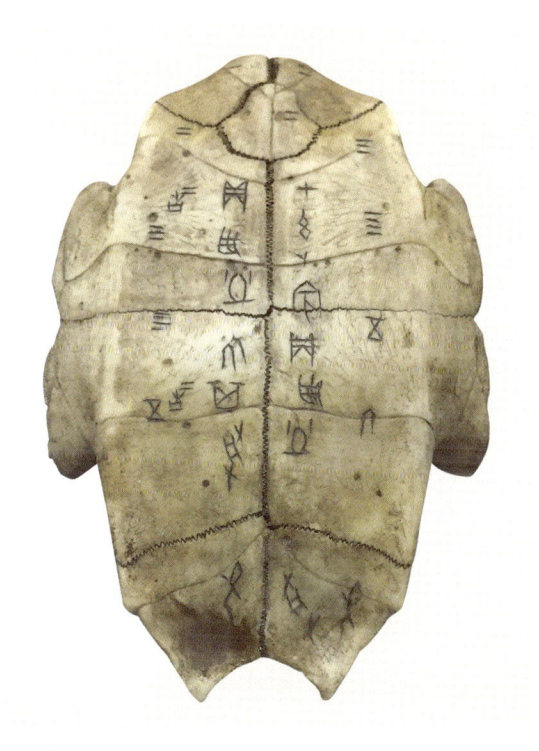

> 甲骨文

在钻、凿之后，还要灼烧甲骨。灼烧甲骨亦需物质准备，除甲骨外，最重要的就是燃料。《周礼》说有菙氏之职官，专司燃料提供，此点在甲骨卜辞中虽无直接反映，但从目前发现的庞大的甲骨数量看，燃料之需求应当不少，设有专职人员也是可能的。

而在卜得兆纹之后，辨识兆纹、推测吉凶也是关键一步。卜得吉凶之后，要在甲骨上契刻记录。契刻完毕之后，又有收藏。此收藏之事由考古发现的甲骨很多是大批量的发现就可看出，若无收藏之制，很难屡次大批量地发现甲骨。凡辨吉凶、契刻卜辞、收藏甲骨,都是殷商时代占卜风俗中的重要环节,所从事者必定不少,应当各有职官。陈梦家说卜辞中有"卜"人,也有"多卜"一词,认为"多卜"是众多卜官的集体称谓,此点无疑是正确的。殷商时代的占卜非常频繁,涉及的职事势必复杂,存在众多相关职官,这是必然的。《周礼》等书的记载虽有一些理想成分,或是后代成熟制度的反映,但与殷商时期的相关制度仍有很多关联。

三、一卜再卜,不厌其烦

在《周易》蒙卦中,有这么几句卦辞:"匪我求童蒙,童蒙求我。初筮告,再三渎,渎则不告。"①其中,"再三渎"被很多人理解为再三卜筮则是亵渎神灵,而按王弼、孔颖达的理解,则不是如此。王弼云:"渎,渎蒙也。"孔颖达疏认同此义,所以说:"'初筮则告者',童蒙既来求我,我当以初心所念所筮之义,一理而剖告之。'再三则渎,渎蒙也'者,若以弃此初本之意而犹豫迟疑,岐头别说,则童蒙之人闻之亵渎而烦乱也,故再三则渎,渎蒙也。"王、孔之释本源于《象传》"渎蒙也"一句。以此看,"再三渎"似指以己之昏昏使人昏昏。据古代占卜习俗,王、孔似得经之本义。

---

① "告"字,马王堆帛书经文作"吉",学界多以"吉"为正字,非也。古代占卜很多时候是一事多卜,因此不能说是"再三渎,渎则不吉"。

学者通过整理殷墟甲骨卜辞,发现了古代占卜方面的一些制度和习俗,对我们理解蒙卦"再三渎"一句颇有帮助。

从殷墟卜辞看,商人占卜确像某些文献记载的一样,一事多卜的情况较为普遍。宋镇豪先生在总结殷商占卜制度时,归纳为四条:正反对贞,同事异问,一事多卜;习卜之制;三卜之制;卜筮并用。以下试一一分述。

宋镇豪先生之所以将"正反对贞"与"同事异问""一事多卜"归纳为一个方面,当是因为三者虽然有形式上的区别,但本质上并无差异,都是反复就一件事情进行占问。"正反对贞"是指就某一件事情从正、反两个方面进行卜问,比如以下两条卜辞:

贞:翌丁未其雨。一二三
贞:翌丁未不其雨。一二三 小吉(《殷虚文字丙编》六三)

以上两条卜辞,一是问明日丁未将下雨,另一个则问明日丁未不会下雨。下雨或不下雨,结果相反,但所问无非是明天的天气如何。这两条卜辞不仅见于同一块甲骨上,而且构词规律也相同,只是贞问角度有正、反之别,这就是"正反对贞"。不仅如此,与上引《丙》63同版的甲骨上,还有正反卜问今日、丁巳是否下雨的记录,且都是同一天卜问,这就是"同事异问"。

另外,上引卜辞的末尾,有"一二三"这样连续刻写的数字。它们在甲骨学中被称为"序数",是指灼龟时的占卜次序,也是殷人反反复复向神灵祈求启示而进行一事多卜以释疑难的崇信心理使然。据胡厚宣先生的研究,同一块甲骨上的序数有大至18的,可见就同一件事卜问了18次。当然,由于10以上的序数多用合文,所以,为免合文占地较多,在10之后仍由1起刻。颇为有趣的是,这些序数中,偶数次的并不少见。奇数次的话,便于选择结果。偶数的话,如何选择呢?这个问题,现在似乎还很难有确切的答案。

除同日反复卜问外,还有异日异时的占卜,比如以下卜辞:

[庚]申卜[王]贞:[雀]获岳。
庚申卜王贞:雀弗获岳。
癸亥卜,㱿贞:翌乙丑多臣翦岳。
翌乙丑多臣弗其翦岳。(一期龟腹甲:《殷虚文字丙编》一)

庚申日3天后,就是癸亥。以上卜辞是4天内就同一件事正反施卜。关于习卜之制的具体细节学界有一些争议,但大体认可的是,习卜之制的关键在于不同时间因袭前事而继续占卜该事或该事的后继,无非是为了使用甲骨占卜兆象获得更理想的结果。

在甲骨上,还有明记"一卜",乃至"六卜"的用语,都是针对所用卜骨数量而言。据学者的整理分析,"三卜"在后期的甲骨卜辞中出现的概率明显高于"四卜"、"五卜"和"六卜",这证明到后期时,已经确立起"卜用三骨"的制度。所谓"卜用三骨",即是由三人各用一块甲骨就一件事情进行卜问。这种制度的确立,一是减少了就同一件事没完没了地进行占卜的现象,使占卜趋向简单化；二是提高了"人谋"在遇到疑难时的地位。在三卜制中，通常是由商王与职掌占卜的官员左、右卜进行。因此，三卜制很明显地提高了商王的地位。

众所周知，在殷商时代，有疑难时除了用甲骨占卜之外，还可以用蓍草进行卜筮。这是一种与甲骨占卜不同的预测术，它的原理与甲骨占卜有很多不同，本书将在第二章做详细的介绍。这里我们暂时说说殷商时代的"卜筮并用"。

用蓍草卜筮在形式上有着明显的特征，即用数字组成"卦象"。这种卦象有多种形式，可用三个数字、四个数字或六个数字组成。当这些用数字组成的卦象出现时，很长时间里学界不明其意。直到20世纪70年代末，张政烺先生在一次古文字学会议上，提出这些卦象可以转化为易卦，方法即是以奇数为阳，偶数为阴。后来战国楚墓中出土的祭祷简上也有这种卦象，由于竹简上的卦象有上下文，可以肯定是用来卜筮的。因此，现在可以确定殷周甲骨、青铜器、竹简等考古遗物上的"卦象"都是卜筮的记录。

就殷墟所出甲骨、陶片上用数字组成的卦象来看，甲骨上的卦象很多是"卜筮并用"的结果，因为有些刻有数字卦的甲骨上鲜然可见钻凿、卜兆。虽然现在可以确认"卜筮并用"的存在，但对于具体的操作过程，仍然有许多疑问。比如从"三卜制"看，卜与筮恐怕也不会各只施行一次，很多时候每种方法可能都要多次施行，但具体如何取舍卜、筮的结果，仍然有待进一步研究。

殷商时期的占卜制度在西周时期仍有影响，如《洪范》说：

"七稽疑，择建立卜筮人，龟曰卜，蓍曰筮。"到春秋战国时期，仍可见"三卜制"的影子。比如在《左传》《国语》的记载中，很显然是以"三卜制"为惯常形式的。《礼记·玉藻》云："卜人定龟，史定墨（兆广），君定体（兆象）。"《周礼·占人》云："凡卜筮，君占体，大夫占色（兆气），史占墨，卜人占坼（兆璺）。"《公羊传·僖公三十一年》云："三卜，礼也。"何休注："三卜，吉凶必有相奇者，可以决疑，故求吉必三卜。"又《左传·襄公七年》："夏四月，三卜郊，不从，乃免牲。"据此亦可知"三卜"在当时是常规。包山战国楚墓出土的卜筮祭祷简中，"三卜""五卜"也是常见的形态。只不过与殷商时代相比，战国时期占卜的次数多是奇数次，比早期更趋成熟。

就以上总结的占卜制度看，当然可以说殷周、春秋战国时期占卜非常盛行。但若换一个角度，似又不能说当时的人们对占卜绝对信之不疑。如果是信之不疑的话，卜一次、两次就足够，何必反复卜问，甚至用不同方法卜问？之所以这样操作，无非是要求得一个合乎己意的结果。这是其一。其二，不厌其烦地反复卜问，未必是对占卜的一种不信任。之所以有时会卜问到三次、五次，甚至十多次，或是想通过现代所说的"有限归纳"来探求未来的真相。

到战国时代，占卜虽然仍较常见，但已有明显的衰落趋势。到汉代时，占卜习俗比战国时代更淡。不过，在西汉末年时，受古文经学的兴起、王莽篡位等事情的影响，甲骨占卜又有复兴的迹象。但这种迹象如王莽的新朝，只是昙花一现，转瞬即逝。到现在，人们研究古代的占卜制度，虽然仍要依靠《礼记》《仪礼》《周礼》《左传》《尚书》等传世文献,但是主要还是依靠考古发现的甲骨卜辞、简帛材料等。

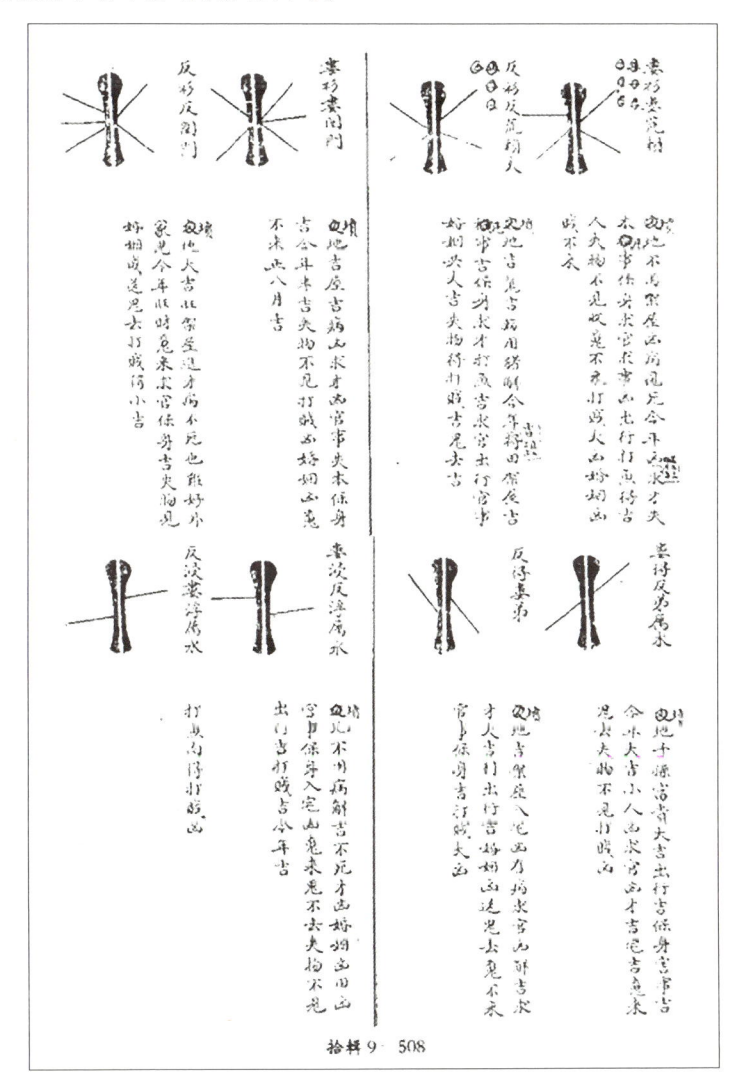

> 黄世发《越巫鸡卜》书影

四、甲骨通灵，不废人谋

安阳殷墟的许多甲骨出于窖藏，是几千年前的人们有意保存下来的。契刻在上面的占卜记录涉及古人生活的方方面面，有疾病、战争、生育、婚姻、灾害、祭祀、祈祷、农业生产、田猎、商业交易，几乎无所不包。通过几代学者不懈的爬梳整理，将散见于不同甲骨上的记录分类分组、排比罗列，终于通过这种"断烂朝报"似的档案材料，探知到三四千年前的一些社会组织、阶级分层、宗教祭祀、战争征伐，乃至家庭生活情形。当时的人们恐怕很多时候只是出于职业需要，机械地记录、保存。但对今日的人们来说，这些材料却是无比宝贵的史料。

> 殷墟甲骨窖藏

由于乌龟长寿,古人因而相信它们可以通神,能知往察来。为求教于乌龟,古人捕杀取甲,中断其生命。数千年之后,人们通过龟甲与祖先对话,了解他们的生活,甚至是心态。跨越数千年的沟通得以实现,正是通过"长寿"的乌龟。这是古人想象不到的。在古人的心灵世界里,甲骨是可以沟通神灵的工具。而神灵,恰是人类世界的主宰。尽管在殷商人的信仰世界里,神灵众多,山川河流,大地星辰,无不能成为神灵。但能帮助他们探知未来秘密的,主要还是龟甲兽骨。

殷商的余风遗泽持续了数百年,直到春秋战国时期,人们仍然信之不疑。在《左传》《国语》等传世文献中,保留了许多占卜的故事。在战国楚墓中,保存着许多占卜的档案记录。从楚墓中的记录看,人们对占卜抱有深切的信仰。而在古书的占卜故事中,时有当时的贤哲质疑占卜的可信度。

包山楚墓是一座战国时期的楚国贵族墓,墓中出土了许多与占卜、祭祀相关的档案材料,被学界称为"卜筮祭祷简"。同类竹简在江陵的望山楚墓、河南葛陵的战国楚墓等都有发现,足证在巫风甚盛的楚国,人们是相当信从占卜的。当然,与殷墟卜辞相比,战国楚简上的占卜事项已经少了很多(当然,这或许与材料的数量相关),主要有两类,一是疾病是否会痊愈,二是"出入侍王",也即日常工作是否顺利。施卜之后,史官占兆,下出判断,并建议举行祭祀,说出祭祀计划。然后再就祭祀计划占卜,以确认计划得到神灵允准。

从这些档案材料看,人们卜问疾病时主要关心是否有祟,是否可以痊愈,并不涉及药物治疗一类的事务。这说明占问疾病应是在人们对疾病无计可施时的无奈之举。至于卜问"出入侍王",则颇可反映一般贵族的心态。古代君臣之间不仅等级森然,而且由于君王有生杀予夺之权,臣子总是惴惴不安,以至于时常占于灵龟,聊以自慰。

与商周时期的人一样,战国时期的人们在占卜之后,也常常祈求祖先,希望得到福佑。在祈求祖先赐福时,人们会举行隆重祭祀。通过相关记录,人们可以考知在楚国贵族的信仰世界中存在哪些祖先和自然神灵。

与档案材料不同的是,在《国语》《左传》这些材料中,人们看到的是更为丰富的精神和信仰图景。这样的图景虽然时有矛盾之处,但却更为生动。

据《左传·定公九年》记载,卫灵公为是否过中牟举行占卜:

秋,齐侯伐晋夷仪。……
晋车千乘在中牟,卫侯将如五氏,卜过之,龟焦。卫侯曰:"可也。卫车当其半,寡人当其半,敌矣。"乃过中牟。中牟人欲伐之,卫褚师圃亡在中牟,曰:"卫虽小,其君在焉,未可胜也。齐师克城而骄,其帅又贱,遇,必败之,不如从齐。"乃伐齐师,败之。

齐国伐晋,并攻下晋国的城池,当时齐国的归附之国卫国想派兵到五氏助齐攻晋。但到五氏必过中牟,晋国在此有驻军。因此,卫灵公就是否过中牟举行了占卜。结果,"龟焦",龟甲被烧焦,没有出现卜兆,或卜兆根本看不清。这可能正是《诗经·小旻》所说的"我龟既厌,不我告犹"。这本是不吉利的。但卫灵公却认为"可也",并说出理由:"此次卫国出战的军队可抵五百乘战车,作为一国之君的人也可抵五百乘,双方兵力匹敌。"言下之意是不用担心晋车。幸运的是,逃亡的卫褚师在中牟,他心中仍然偏向卫国,所以对晋人说:"卫国虽小,但国君在阵中,不可战胜。齐军刚攻下城池,士气骄纵,领军者地位又低,与齐军战,必然胜利,攻卫不如攻齐。"正是这番话,使卫军安全过了中牟。这个占卜故事说明,当时的人虽然诸事占卜,但人的主动性往往会影响到占卜的可信度,只不过人们未必会注意到造成结果的复杂因素。类似的事在几年后的晋国也发生过:

秋八月,齐人输范氏粟,郑子姚、子般送之。……赵鞅御之,遇于戚。阳虎曰:"吾车少,以兵车之旆,与罕、驷兵车先陈。罕、驷自后随而从之,彼见吾貌,必有惧心。于是乎会之,必大败之。"从之,卜战,龟焦。乐丁曰:"《诗》曰:'爰始爰谋,爰契我龟。'谋协以故兆,询可也。"……郑师大败,获齐粟千车。(《左传·哀公二年》)

齐人给晋国的范氏送粮食,郑国的子姚、子般押送。范氏政敌赵鞅率军拦截,当时为赵氏谋臣的阳虎(即从鲁国出逃的阳虎)为赵鞅出了一个主意,将主帅的旗帜插到行进在前面的战车上,先行与子姚、子般等对阵。此二人看到旗帜,心里会有恐惧,此时再战,必定大胜。赵鞅认可这个计谋,然后占卜,结果也遇到了"龟焦"。随军的乐丁援引《诗经》中的句子,又说

"谋协以故兆,询可也"。所谓"故兆"是指此前的一次吉兆,杜预以为是公元前496年赵鞅为了是否接纳因政变出逃的卫国太子蒯聩而占卜,得到了吉兆。乐丁认为此次施占与几年前的情况类似,故而可用"故兆"决定此次战争。

战争本是关乎生死存亡的大事,临战前占卜是当时的惯例。以上两次占卜都遇到"龟焦",应该是不吉利的。但卫灵公、赵鞅都没有接受这样的结果,反而依主观判断行事,结果大胜。这样的故事似乎表明春秋晚期的人们对占卜实际上抱有矛盾心态,又或者认为在某些情况下,是可以不信从占卜的。但是,若考虑到考古发现之甲骨卜辞中有"用辞""孚辞",以及《尚书·洪范》中的某些记载,则我们对这两个故事的认识又会不同。

前文我们说过甲骨卜辞的结构,认为较完整者当有叙事辞、命辞、占辞、验辞。其实,这并不是目前所见甲骨卜辞结构的全部。在甲骨卜辞中还有所谓的"用辞"和"孚辞"。所谓"用辞"是指契刻在占辞之后、验辞之前的,类似"兹用""不用"一类的句子。这类句子用来说明得到结果之后,决定是否采纳它的情况。"兹用"则是采纳,"不用"就是不采纳。而用与不用的标准,显然大多出于人的主观判断。

至于"孚辞",其性质则与"用辞"类似。"孚辞"是指契刻在占辞之后、验辞之前的,类似于"兹孚"一类的句子。孚,信也。"兹孚"意即此次占卜结果会得到应验。会得到应验,就当遵从之,相反则不遵从。所以性质与"用辞"相近。"孚辞"是人对占卜结果的主观判断,与占卜问于鬼神的性质是不同的。当然,商人有时也会对是否应验进行占卜,此时,带有"孚"字的句子就会出现在占辞的位置上。

而在《尚书·洪范》的记载中,人的主观能动性并非毫无地位:

汝则有大疑,谋及乃心,谋及卿士,谋及庶人,谋及卜筮。汝则从,龟从,筮从,卿士从,庶民从,是之谓大同。身其康强,子孙其逢,吉,汝则从,龟从,筮从,卿士逆,庶民逆吉。卿士从,龟从,筮从,汝则逆,庶民逆,吉。庶民从,龟从,筮从,汝则逆,卿士逆,吉。汝则从,龟从,筮逆,卿士逆,庶民逆,作内吉,作外凶。龟筮共违于人,用静吉,用作凶。

按上面文字的意思,当人有疑问时,首先是"谋及乃心",其后依次是"谋及卿士""谋及庶人",最后才是"谋及卜筮"。"卜"指甲骨卜问,"筮"指用蓍草卜问。卜筮是人谋已尽,仍然迷茫无解时的选择。在这几句话后,又列出了诸多种情况,为便省览,列表如下:

君王	龟	筮	卿士	庶民	结果
从	从	从	从	从	大同
从	从	从	逆	逆	吉
逆	从	从	从	逆	吉
逆	从	从	逆	从	吉
从	从	逆	逆	逆	作内吉,作外凶。
从	逆	逆	从	从	用静吉,用作凶。

其中,"龟"指甲骨占卜,"筮"是蓍草占筮。当两者都是"从"的情况下,不论君王、卿士、庶民的态度是"从"还是"逆",结果都是吉利的。当龟、筮任一或两者均出现"逆"时,结果并非全部是凶。"作内吉,作外凶",意思是卜问内事的话,是吉利的;卜问外事的话,则是凶的。所谓"内""外"是从君王的角度来说的,比如宫内之事,可说是内事;战争田猎则是外事。"用静吉,用作凶","静"是指居止不动,"作"则是有所行动,两者仍是相对的。

> 杜泽逊《尚书注疏汇校》书影

虽然人谋并不一定起决定性作用,但仍然会对局势发生影响。因此,像卫灵公、赵鞅遇到"龟焦"时,自然就会寻求人谋。除此二人的故事外,楚昭王对占卜的态度亦颇能说明人们在占卜面前并非毫无主观判断:

初,昭王有疾。卜曰:"河为祟。"王弗祭。大夫请祭诸郊。王曰:"三代命祀,祭不越望。江、汉、睢、漳,楚之望也。祸福之至,不是过也。不穀虽不德,河非所获罪也。"遂弗祭。

此事记载在鲁哀公六年(公元前489年),可能与上引卫灵公、赵鞅故事隔得并不远。楚昭王有病而卜祟,结果是"河为祟",即黄河之神作祟。大夫请求在郊外祭祀黄河之神,但楚昭王认为黄河之神远在楚境之外,"祭不越望",楚国没必要祭祀这位千里之外的河神,并认为占卜的结果未必可信,所以说"河非所获罪也"。楚昭王的这番推断说明,人谋很多时候仍然起着决定性作用。

从《左传》的记载看,楚昭王并没有因为不祭祀黄河之神而病逝,而是在战争中去世:

吴伐陈,复修旧怨也。楚子曰:"吾先君与陈有盟,不可以不救。"乃救陈,师于城父。

秋七月,楚子在城父,将救陈,卜战,不吉;卜退,不吉。王曰:"然则死也!再败楚师,不如死。弃盟逃仇,亦不如死。死一也,其死仇乎!"……将战,王有疾。庚寅,昭王攻大冥,卒于城父。

这件事发生在鲁哀公六年,《左传》的作者在昭王战死之后,追记了两件事,一是当年楚国天有异象,"有云如众赤鸟夹日以飞",昭王派人求教于周王室的太史,得到的答复是:"其当王身乎!"此后楚国大臣请求行巫术,将祸害移于自身,但被昭王拒绝。另一件则是上文引用的疾而卜祟。在后一件事后,作者还引用了孔子赞扬昭王的话。前后联系看,《左传》的作者是将楚昭王述写为一个正面形象的。昭王不依占卜,只凭一己之判断行事。有成功的,也有没有成功的,甚至有导致自己丧命的。由此可知,《左传》的作者对占卜实际是抱着一种将信将疑的态度。在春秋战国时期,人们对占卜的态度可能确实发生了一些变化。郑国子产是春秋时期的一位智者,他对占卜的态度亦颇有说服力:

是岁也,郑驷偃卒。子游娶于晋大夫,生丝,弱。其父兄立子瑕……他日,丝以告其舅。冬,晋人使以币如郑,问驷乞之立故。……驷乞欲逃,子产弗遣。请龟以卜,亦弗予。大夫谋对,子产不待而对客曰:"……若寡君之二三臣,其即世者,晋大夫而专制其位,是晋之县鄙也,何国之为?"辞客币而报其使,晋人舍之。

驷偃(即子游)曾娶晋国大夫的女儿,生了儿子丝。在儿子丝年纪很小时,子游去世,家庭中的长辈遂立子游的叔父子瑕(即驷乞)继承子游的爵位。这在当时有违常礼,所以丝的舅父们听说后,就到郑国来问罪。子瑕听闻后,向子产请求出逃,子产不允。又请求占卜,子产同样不允。由于晋国是大国,郑国不敢得罪，所以郑国大夫们聚在一起商量对策，子产未等商量完就回复了晋国人，大意是郑国大夫立继承人是郑国人的内政，晋国不能干预。晋国人无奈，遂放弃了计划。

子产之所以不同意占卜，是因为他对事情有自己的应对之策，不像子瑕那样手足无措。在这种情况下，子产当然用不着占卜。因此，古人说"卜以决疑"，除说明占卜的功能之外，亦包含有人谋为先，人谋不可废的理念。

以上所说都是春秋时期的占卜故事，出于《左传》。在《史记·齐太公世家》中，有一个占卜故事可与上述故事参看：

> 武王将伐纣，卜龟兆，不吉，风雨暴至，群公尽惧，唯太公强之，劝武王。武王于是遂行。

这个故事的真实性当然有待考证，但有这样的故事存在，即表明古人对于龟卜未必是执信不疑的，在人谋可从的情况下，人们可能更愿选择人谋，而非龟卜。

五、历代编著，卜书甚多

前文引述《周礼》，说占卜之后有收藏、岁终"计其占之中否"的制度。而从考古发现的甲骨看，很多是集中出土，当是殷商时代集中保管、收藏的遗存。收藏整理之后，自然会有经验的总结归纳,为占卜书籍的编撰提供直接的材料。在《金縢》篇中,周公卜之三龟之后,启钥见书,此可说明周初之占卜是验之书籍的,当时已有成熟的卜书。而此类卜书的内容和体例,则可从上海博物馆藏楚竹书《卜书》、《史记·龟策列传》的记载揣测一二。

上海博物馆藏楚竹书《卜书》共存10枚简,以对话体的方式探讨了卜法,因其篇幅不长,现完整移录如下:

肥叔曰:"兆仰首出趾,是谓辟。卜人无咎,将去其里,而它方焉适。"

季曾曰:"兆俯首纳趾,是谓沈。处宫无咎,有疾乃适。"

陵公曰:"兆如仰首出趾,而屯不困膺,是谓狌,卜火龟,其有吝。处,不沾大污,乃沾大谷。曰:兆小沈,是谓髼。小子吉,丈人乃哭,用处宫……渎。盼高上,卧纯深,是谓浅。妇人浅以饮食,丈夫深以伏匿。一占……□吉,邦必有疾。凡三族有疵,三末唯吉,如白如黄。贞邦……夫。

贞卜邦,兆唯起钩,毋白毋赤,毋卒以易,贞邦无咎,抑将有役,如……食墨,亦无它色。

渊公占之曰:"三族之夺,周邦有吝,亦不绝。三末食墨且蒙。我周之子孙,其散于百邦,大贞邦亦凶。"

渊公占之曰:"若卜贞邦,三族钩,室而惕,三末虽败,无大咎,有吝于外。如三末虽吉,三族是瘁,亦无大咎,有吝于内。如三族……三末凶,兆不利邦贞。

全篇讨论了"兆仰首出趾""兆俯首纳趾""兆如仰首出趾""兆唯起钩""三族钩"等情况。这些情况因卜问的事情不同,而有不同的结果。在有些情况下,还有细微的差别。比如"兆唯起钩"下,有"毋白毋赤";在"三族钩"下,有"三末虽败"和"三末虽吉"的不同。

上海博物馆藏楚竹书《卜书》是以人物对话引出占卜方法的,这种体例虽然在古籍中较常见,但在记录占卜理论的书中,却并不多见。

《龟策列传》中载有许多卜辞,应当出自某本卜书,以下试摘抄部分内容:

卜系者出不出。不出,横吉安;若出,足开首仰有外。

卜求财物,其所当得。得,首仰足开,内外相应;即不得,呈兆首仰足肣。

卜有卖若买臣妾马牛。得之,首仰足开,内外相应;不得,首仰足肣,呈兆若横吉安。

卜击盗聚若干人,在某所,今某将卒若十人,往击之。当胜,首仰足开身正,内自桥,外下;不胜,足肣首仰,身首内下外高。

卜求当行不行。行,首足开;不行,足肣首仰,若横吉安,安不行。

以上文字是以所卜之事来分述吉凶的,其中关于卜兆的描述有"足开首仰有外""首仰足开"等。大体来说,此类是以卜事

为经,卜兆为纬。另外还有一类:

> 命曰柱彻。卜病不死,系者出。行者行。来者来。而市买不得。忧者毋忧。追亡人不得。
>
> 命曰首仰足肣,有内无外。占病,病甚不死。系者解。求财物买臣妾马牛不得。行者闻言不行。来者不来。闻盗不来。闻言不至。徙官闻言不徙。居官有忧。居家多灾。岁稼中孰。民疾疫多病。岁中有兵。闻言不开。见贵人吉。请谒不行,行不得善言。追亡人不得。渔猎不得。行不遇盗。雨不雨甚。霁不霁。故其莫字皆为首备。问之曰,备者仰也,故定以为仰,此私记也。
>
> 命曰首仰足肣,有内无外。占病,病甚不死。系者不出。求财买臣妾不得。行者不行。来者不来。击盗不见。闻盗来,内自惊,不来。徙官不徙。居官家室吉。岁稼不孰。民疾疫有病甚。岁中无兵。见贵人吉。请谒追亡人不得。亡财物,财物不出得。渔猎不得。行不遇盗。雨不雨。霁不霁。凶。

此类先说卜兆形态,再说此形态对不同卜事之意义,体例上与前一种略有不同。还有第三类:

> 此横吉上柱外内(内)自举足肣。以卜有求得。病不死。系者毋伤,未出。行不行。来不来。见人不见。百事尽吉。
>
> 此横吉上柱外内自举柱足以作。以卜有求得,病死环起。系留毋伤,环出。行不行。来不来。见人不见。百事吉。可以举兵。

此挺诈有外。以卜有求不得。病不死,数起。系祸罪。闻言毋伤。行不行。来不来。

以上卜辞以"此"字领起,然后描述卜兆形态,可见当有图像与文字匹配而行。前两类也都描写了卜兆形态,第一类以卜事为经,可能没有图像;第二类以卜兆形态为经,则可能有图像。因此,汉代的卜书应该有不同的体例。

就《龟策列传》中的卜辞看,除其体例外,它记载卜兆的术语也是很重要的。其中所说"身",当指卜兆之大者,首、足则当指身之上、下,内、外则可能指身之左、右。以"当胜,首仰足开身正,内自桥,外下;不胜,足肣首仰,身首内下外高"来说,"首仰足开"是指兆纹的头部上仰,足部发散。"身正"是指卜兆的主干直正不斜。"肣",敛也。"足肣首仰"指足部无发散之兆纹,头部上仰。"内下外高"当指卜兆主干靠近钻凿一侧的兆枝要低于卜兆主干另一侧的兆枝。我们这里说的身、首、足、内、外,都是以钻凿为基点,与后世卜书《龟经》《吴中卜法》以千里路(即龟甲正中间的一条纵线)为基点是不同的。

据《汉书·艺文志》的记载,西汉末年朝廷中仍藏有少数龟卜之书:

《龟书》五十二卷

《夏龟》二十六卷

《南龟书》二十八卷

《巨龟》三十六卷

《杂龟》十六卷

虽然只有五部,但每一部都堪称"大部头"。而据《艺文志》的说法,当时的情形是"史官之废久矣,其书既不能具,虽有其书而无其人",很多书籍已经失传,纵然有书,也无人继承其术。在这种情形下,龟占之书仍有一百多卷的规模,可见在此之前,确有许多龟占之书流传于世。

> 《汉书》书影

龟占之书除记录吉凶外,亦可能记录作祟之鬼神,以为人们卜祟之用。此点除上引楚昭王卜河为祟可证之外,晋侯有疾卜而得祟的故事亦可为证：

> 晋侯有疾，郑伯使公孙侨如晋聘，且问疾。叔向问焉，曰："寡君之疾病，卜人曰'实沈、台骀为祟'，史莫之知。敢问此何神也？"子产曰："昔高辛氏有二子，伯曰阏伯，季曰实沈……则实沈，参神也。……则台骀，汾神也。"

可能卜书上只是说某类卜兆是实沈、台骀为祟，但没有解释这两位神灵的性质和由来。求之史官，史官亦莫能知，幸亏来访的子产博学，说清了两位神灵的来历和性质。知此，则可举行合适的祭祀。实沈、台骀两位神灵是晋国境内的神灵，而楚昭王卜得的河神则在远离楚国的黄河。这种现象说明当时南方楚国所用卜书或传自北方，若是南方人编撰，似不会将北方神灵编入卜书。在上引《汉书·艺文志》著录的书籍中，有《南龟书》，从书名看，似乎是南方流传的卜书。因此，在春秋战国时期，不同的地域不仅各有卜书，而且相互间有流动。

春秋战国时期有许多卜书，此点在《周礼》中亦有反映：

> 大卜掌三兆之法，一曰《玉兆》，二曰《瓦兆》，三曰《原兆》。其经兆之体皆百有二十，其颂皆千有二百。

郑玄注以为"三兆"是"卜筮官司之官法"，依上文所说周公卜三龟，"启钥见书"看，每种官法可能均有相应的卜书，所以《玉兆》《瓦兆》《原兆》也可以理解为三部卜书。"其经兆之体皆百有二十,其颂皆千有二百",这应当是说三部卜书的体例是相同的,均以经兆、颂两大部分组成。郑玄注曰:"颂谓繇也。三法体繇之数同,其名占异耳。百二十每体十繇,体有五色,又重之以墨坼也。五色者,《洪范》所谓曰雨、曰济、曰圛、曰蟊、曰克。"所谓经兆,应当是说卜兆之形态,之所以称为"经兆",当是从诸多兆纹中选出来的精要部分,在每经兆下,可能还有不同的"变体"。所谓"颂"当指判断卜兆吉凶的繇辞,由于这类繇辞皆是韵语,与诗歌类似,所以说是"颂"。每一条经兆下都有十组繇辞,之所以如此,或许是因占卜事项不同。前引文献中说占卜的事项有八类,其实是不完整的。因为从《龟策列传》的情况看,至少有这些事项:病、囚、谒见、天气、家室、行(来)、年成、灾难、渔猎、求财、盗(击盗、遇盗等)、官,总共有12类。若与甲骨卜辞相比,还有一些事情并不在这12类之中,如战争、祭祀等。不过,殷墟甲骨卜辞大多是王室贵族的占卜记录,《龟策列传》中的卜辞则是普通百姓家的,地位不同,所占卜的事项自然有所不同。要之,占卜事类分10类左右是很可能的。《周礼》说三类卜书"其颂皆千有二百",是因为卜书以卜兆形态为经,以卜问事项为纬来编纂。

春秋战国、秦汉时期的卜书现在都已经亡佚,难知其详。幸运的是,在《左传》等传世古籍中,我们仍可看到一些繇辞。如《左传·庄公二十二年》载:

初,懿氏卜妻敬仲,其妻占之,曰:"吉。是谓凤皇于飞,和鸣锵锵。有妫之后,将育于姜。五世其昌,并于正卿。八世之后,莫之与京。"

其中"凤皇于飞,和鸣锵锵"应当是卜书中的繇辞,自"有妫之后"以下,则可能是卜官临时编撰的。又《左传·僖公四年》:

初,晋献公欲以骊姬为夫人,卜之不吉,筮之吉。公曰:"从筮。"卜人曰:"筮短龟长,不如从长。且其繇曰:'专之渝,攘公之羭。一薰一莸,十年尚犹有臭。'必不可。"

杜预注:"羭,美也。""专之渝,攘公之羭",这是说专宠将会影响献公的名誉。薰,一种香草,《广雅·释草》:"薰草,蕙草也。"莸,是一种水草,其味恶臭。"一薰一莸,十年尚犹有臭",意思是香草与恶臭之草在一起,十年之后恶臭犹存。卜官这一番话是劝晋献公不要娶骊姬,话虽委婉,意思却很明白,可惜献公痴迷美色,根本听不进去。又比如《墨子·耕柱》上说:

昔者夏后开使蜚廉折金于山川,而陶铸之于昆吾。是使翁难乙卜于白若之龟……曰:"飨矣,逢逢白云,一南一北,一西一东。九鼎既成,迁于三国,夏后氏失之,殷人受之。殷人失之,周人受之。"

这个故事中引用的繇辞明显是韵文,与诗歌体裁相同。又比如《左传·襄公十七年》:

卫侯梦于北宫,见人登昆吾之观,被发北面而噪曰:"登此昆吾之虚,绵绵生之瓜。余为浑良夫,叫天无辜。"公亲筮之,胥弥赦占之,曰:"不害。"与之邑,置之,而逃奔宋。卫侯贞卜,其繇曰:"如鱼窥尾,衡流而方羊裔焉。大国灭之,将亡。阖门塞窦,乃自后逾。"

与前面故事引用的繇辞相比,这里引用的繇辞不是韵文,与诗歌体裁不同,更接近散文。

众所周知,甲骨卜辞不是韵文,而是散文体裁,早期的西周金文也是散文,到中晚期以后,韵文才逐渐增多。这说明韵文的出现当晚于散文。而繇辞以韵文体裁编撰,也应晚于散文体裁。前引故事中凡用韵文为繇辞者,可能要比以散文为繇辞者要晚。

春秋战国、秦汉时期的卜书现在已经亡佚,无法知其详情,以上所说只是据文献中的零碎材料,加以推演得出。后世的卜书中,至清代存世的仅有《龟经》《吴中卜法》《玉灵秘本》。这三本书,现已无存,仅能从清人胡煦的《卜法详考》中看到部分内容。

其中《龟经》之书名最早见于《隋书·经籍志》,此志载录:"《龟经》一卷,晋掌卜大夫史苏撰,梁有史苏《龟经》十卷,亡。"然此说作者是"史苏",实不可信。因为《左传·僖公十五年》说晋献公筮嫁伯姬时,就是名叫史苏的卜者施占的。晁公武《郡斋读书志》中将此书记为《灵龟经》,作者仍是史苏,《崇文总目》则记为三卷。而《宋史·艺文志》五行家下则记有"史苏《五兆龟经》一卷",蓍龟类有《灵龟经》一卷,不著撰人。而据清人考证,阮孝绪《七录》就著录有《龟经》十卷,史苏撰,并推测是《汉书·艺文志》所记五种龟书之遗。明人《说郛》载有《龟经》一卷,不著撰人①。清人胡煦所说《龟经》或许与史志目录中的《龟经》《灵龟经》有关,惜诸书皆亡,无从考证。

从《卜法详考》中的载录看,《龟经》的很多内容当出于汉以后,其所载卜兆形态固然有与《龟策列传》所记相似者,但其他一些内容反映的卜法可能已经不同于先秦时期,比如以下内容:

甲乙(金兆)正形云:甲乙象一,头高身旺足管,是为正当依乡之兆。否则捌乡,其捌处是动,详其爻占,断以吉凶(甲乙者,内之右,外之左也)。

丙丁(火兆)正形云:丙丁象丁,头足齐平,是为正当依乡之兆。否则为捌乡,其捌处是动,详以爻占,断以吉凶(丙丁者,内之左,外之右也)。

腰金甲乙(水兆)正形云:头平身直旺足管,如鹅肩覆月之状,是为正当依乡之兆。否则捌乡,其捌处是动,详以断之(内之后右,外之后左)。

腰金丙丁(木兆)正形,亦如腰金甲乙同(内之后左,外之后右)。

以上甲乙、丙丁、腰金甲乙、腰金丙丁是指龟甲千里路附近

---

① 以上引姚振宗《隋书经籍志考证》,卷三十六子部十三。

的区域,在不同区域出现的卜兆有不同的吉凶蕴义。将龟甲以千里路为界限进行分区,且不同分区内的卜兆有不同的吉凶意义,这一点在殷墟出土的实物中很难找到证据。当然,这与卜辞和卜兆之逻辑联系几乎无法梳理也是相关的。以下的内容多可与《龟策列传》相参照:

平者,头足无高下也(即《史记》横吉安)。
直者,不曲也,不斜也(平直,事须逢吉,平安无咎)。
伏者,头足垂下也(伏,凡事见迟难脱,亦难成,病难瘥)。
高者,头易起也(高头小见,成,宜进身无咎。足高,宜财价高)。
低者,头之垂也(低头无气,身主迟滞,足无气价廉)。
野者,头向外,不回顾也(野难成,好脱,宜出,占吉不吉,凶不凶)。
就者,向内不背也(就,易成难脱,宜入)。
回者,头高而再转也(回,易成难脱,宜进)。
临者,头低也(低同占)。
戴白,头之白也(戴白,主体废,主孝服)。
垂者,伏也低也(低同占)。
纤活,反足而回换也(纤活,凡事皆吉)。
有情,回顾和顺也(有情,凡事吉)。
昂者,起仰也,高也。
溇,如水滴下也,浑蒙也(溇虽迟滞,宜占财田,占病主重)。
休囚者,蒙昧也(休囚,凡事不利)。

以上所述是不同卜兆形态的吉凶意义，由于卜法今已不传，故比较晦涩。

胡煦移录的另一部卜书是《吴中卜法》，说是"传于吴中卜者"，意思是仅见其书，不知作者，可知是吴地民间流传的一种卜书。胡氏移录的内容仅有选龟、攻龟、灼契、占龟四部分，并两幅插图。尽管如此，对理解古代卜法仍有一定参考作用。

其言"选龟"云："龟以大者为佳，小者不用。色以黄白明润者为佳，黑者昏暗者不用，藏久而枯朽者亦不用。"其言"攻龟"云：

攻龟之法，去其甲，存其墙。……龟板之部位，正中一线自下而上直出者，名曰千里路。其横出者五文，上一文斜出而抱首，即前所云冲天而为王者。下一文斜出而抱尾，其中之直者仅三文耳。三文之中有二方，皆可刻画。东曰甲乙，西曰丙丁。正中一方旁连两墙，名曰腰金第一。直文之下，腰金之上，其横而方平者，名曰冲天。凡占惟此方为验。如止一事，则刻甲乙之左方而占之。二事，则并刻丙丁之右旁而占之。三事，则占腰金之甲乙。四事，则占腰金之丙丁。皆刻之。五事六事，则并腰金下之横方，名曰兜财者而皆刻之矣。其刻也，必方之，故谓之方。

就殷墟甲骨看，所谓整治甲骨，是为了使其整洁，便于钻凿灼。而《吴中卜法》所说"攻龟"，则是去掉龟甲之不整齐边缘，然后根据卜事需要，在千里路之四周刻画区域，若是"五事六事"的话，刻画后的效果如下图所示：

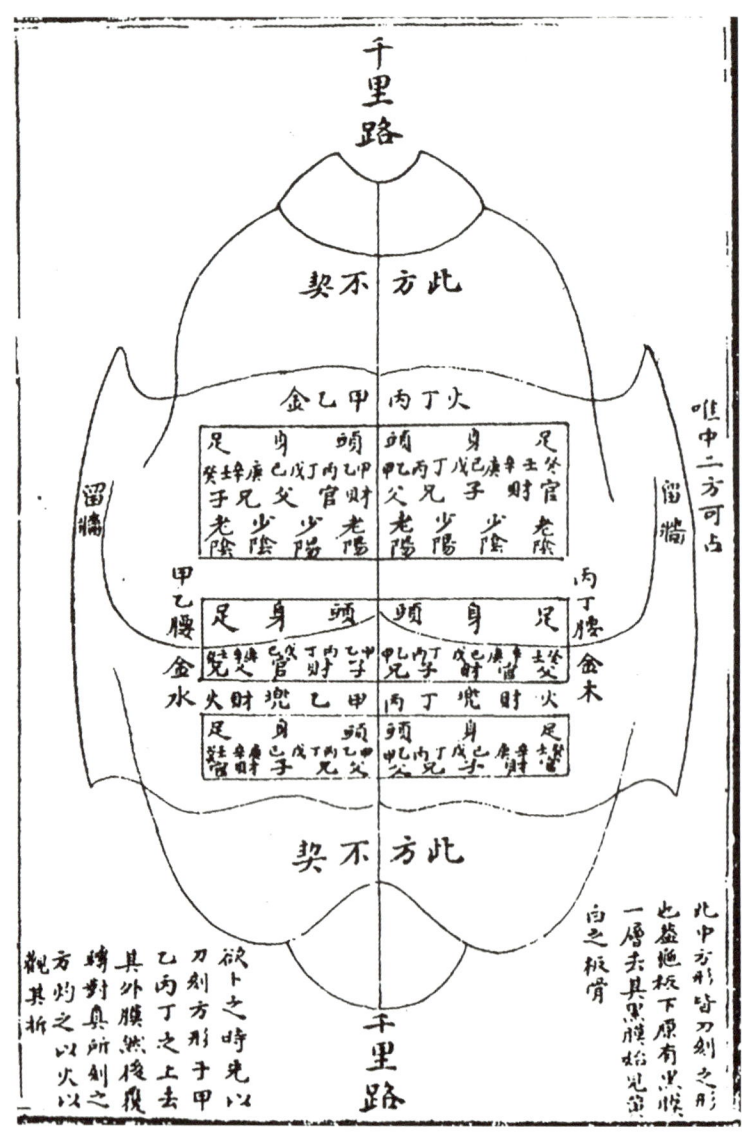

> 胡煦《卜法详考》书影

图中文字是为说明之用,不是刻画内容。从殷墟出土实物看,殷商时代应该没有这种攻龟方法,其法当出于后世。

不过,需要注意的是,在"占龟"部分,有以下内容,对研究殷墟甲骨应有裨益:

其中方形皆刀刻之形也。盖龟板下原有黑膜一层,去其黑膜,始见黄白之板骨。欲卜之时,先以刀刻方形于甲乙丙丁之上,去其外膜,然后覆转对真所刻之方,灼之以火,以观其坼。

上引文字所说"去其黑膜"在殷墟甲骨的整治中也应该是存在的。另外,这里说的"刀刻方形",可能源于汉以后经学家所说的"墨"。相较于《吴中卜法》的简省,胡煦抄录的《玉灵秘本》则要丰富得多。

此书记录了不同区域内,不同卜兆形态的吉凶,并绘有线图勾勒出卜兆。这种方法恰好证明了上文关于战国秦汉时期的卜书或有插图的推测。除这些内容之外,《玉灵秘本》还记载了许多其他占卜内容,比如"六神休囚吉凶论"等。值得注意的是,此书"分类诗断"部分用诗歌说明不同卜兆的吉凶事宜,以下试抄录三首:

晴雨
身沉头重多飞雪,摺折交加雷电风。
晴霁轻清蒙则雾,纷纷大雨出龙宫。

其二
洪大精明天必晴，交加枝兆定风生。
昏蒙沥溇应多雨，目巧心通龟显灵。

阳宅
若卜迁移新旧基，最利头高戏水鱼。
但恐枝生兼鬼动，身宫窈窕莫迁居。

韵文形式的繇辞早在春秋，甚至更早之前就已经出现，所以像这样整齐的韵文，在后世的占卜书中较为多见。

第二编

奇偶阴阳 变幻莫测

先秦时代有卜有筮,二者并行不悖。卜用甲骨,筮用数字,数字可通过操作蓍草、算筹、骰子等物来获得。《周易》是中国古代迄至现代,最为著名的筮书。关于《周易》的起源,20世纪以来,由于新思想、新知识的涌入,人们对以往的圣人制作产生了怀疑,试图创立新说,但鲜有成功者。直到20世纪70年代,古文史学家张政烺先生破译了古文字学界的"奇字"后,关于《周易》的起源方才有了新的曙光。

一、可三可六,形式多元

首先,我们有必要解释一下"数字卦"的概念。所谓"数字卦"是指由若干数字重叠起来,用于占卜预测的卦象。

其次,数字卦虽然与《周易》有着非常密切的联系,但并非所有数字卦都可转化为《周易》六十四卦。下文将分别讨论这两点。

在商周甲骨、青铜器、陶片等考古遗物中，目前已经发现至少数百个数字卦例，它们的形式多种多样，有用三个数字组成的，也有用四个或六个数字组成的。这些卦象的旁边，极少有文字记录，这使研究面临着很大的困难。就目前而言，这样的数字卦在春秋时代的器物上几乎不见。但到战国时代，楚墓出土的竹简上却大批量出现这种数字卦，且形式与商周时代的似有不同。

虽然有学者将数字卦上溯到新石器时代的陶片上，但目前还很难确认陶片上形似数字卦的符号的功能，要将它们与装饰图案、符号分开还很难。因此，我们的讨论暂时从殷商时代的数字卦说起。在殷墟出土的甲骨上有数字卦，不过数量并不多，与甲骨占卜比起来，这种卜筮方法显然不占主流，至少在王公贵族阶层是如此。这些刻在甲骨上的数字卦充分证明了商代就有卜筮并用的现象。

从目前发现的殷商数字卦看，有数字一、五、六、七、八、九（是否存在数字"十"，目前有一定争议）。这种情况令学者们非常迷惑，因为依照后人复原的"大衍筮法"，出现的数字应该是偶数个，且是相连的自然数，比如《周易》中是六、七、八、九。在藏族、纳西族等少数民族的"数字占卜"中，筮数也往往可以组成相连的自然数数列。

在周原和其他地方出土的西周甲骨上也有数字卦，如果以概率来计的话，显然要高于殷墟，这似乎说明筮法在西周时代的地位有所上升。不过，令人迷惑的现象仍然存在，比如人们至今未在西周的甲骨、青铜器等物体上的数字卦中发现数字二、三、四。在这些纷繁的卦象中,李学勤先生注意到数字一、七之间存在一种隐秘的关系,有些器物上的卦象只出现七,而没有一,有些则一和七共见。基于此点,他提出商周时代可能存在两种揲蓍法,可分别名为揲蓍法甲、揲蓍法乙。在李学勤先生提出这个推测后的若干年,人们在战国竹简上看到了"一"这个字形被用来记录数字"七",这说明李学勤先生的推测是正确的。

令人惊喜的是,在西周时代的数字卦中,表现出了与《周易》越来越清晰的联系。比如在陕西发现的两件陶拍上,人们发现了几组数字卦。这些数字卦用到的数字有一、六、八,筮数总量似乎已经很少。不仅如此,若将这些数字卦按偶为阴、奇为阳的原则转化为阴阳爻画组成的《周易》卦象,会发现它们之间的顺序居然与通行本《周易》的部分卦序完全相合。

殷墟出土过一版卜甲,上面有数字九、六,还有三个数字卦,在其中一个数字卦的后面,刻写了"贞吉"两个字。"贞吉"这样的短语在殷墟甲骨卜辞、周原甲骨卜辞中极少出现,这应是筮法与卜法不同的一种表达用语。不仅如此,在《周易》中,"贞吉"多次出现。而且,吉与凶是相互对立的,有"贞吉",自然就当有"贞凶"。数字卦之繇辞与《周易》的这种联系说明,它与《周易》确有密切联系。

在殷墟四盘磨出土的一件卜甲上,出现了两个数字卦,两个数字卦的后面都有"曰斯□"三个字。其中一个"斯"后面的字已经看不清楚,另一个则是甲骨学者常释作的"御"。对于这个字,古文字大家裘锡圭先生有一篇专门的考释文章,说它应读作"果"。后来又在另一篇考释文章中认为,此字当读为"孚",是应验的意思。现在,这个考释成果已经被很多学者接受。也就是说,在这两个数字卦的后面,有刻辞"曰斯孚"。而"斯孚"两字在《周易·解》卦中亦有:"解而拇,朋至。斯孚。"更为熟知的是,《周易》中常见"有孚""厥孚"这类表述,而关于"孚"字的释义至今更是众说纷纭。

在被学者推断为西周晚期的"鼎卦戈"上,更是出现了与《周易·鼎》卦爻辞基本相同的文字,且数字卦转译成《周易》卦象的话,正好就是鼎卦。

以上三件器物足以证明数字卦与《周易》存在密切的关系,将数字卦视作《周易》前身的观点确实有其合理性。

2013年底公布的清华大学藏战国竹简《筮法》(简称"清华简《筮法》")可以说是一部"旷世奇书",一方面是因为它描述的筮法此前人们完全不知道,另一方面是它的重光给人们研究数字卦提供了渴盼已久的材料。

这部抄写于战国时代的占卜书以典型筮例为基本框架,并辅以筮法基本理论的阐述,记录了一种前所未知的筮法。这部书的前面19节的结构大体如下(释文见李学勤主编《清华大学藏战国竹简》(肆),中西书局,2013年,第85页):

第二编　奇偶阴阳，变幻莫测

≡≡　≡≡
≡≡　≡≡　㕣（凡）言（享），月朝
　　　屯（纯）牝，乃鄉（饗）。

≡≡　≡≡
≡≡　≡≡　月夕屯（纯）戊（牡），
　　　乃亦鄉（饗）。

六六六　六六六
六六六　一一六　凡享，月朝纯牝，乃飨。

一一一　一六六　月夕纯牡，乃亦飨。

> 清华简《筮法》局部及对应释文

　　上图的左上是整理者的释文，右上是相应竹简上的截图，下面宽式释文（考虑排版方便，将竹简上卦象左旋90度，横向书写）。在前面19节中，竹简是分栏书写的，在每栏中，先从右往左抄写四个三爻卦，然后在这四个卦组成的卦象下，分栏抄写相应繇辞。以上图来说，右边的卦象是：

六六六　六六六
六六六　一一六

与之相应的繇辞则是："凡享，月朝纯牝，乃飨。""月朝"为上旬,"纯牝"是毛色纯净的牺牲。繇辞的意思是,若占得上述卦象,且是问祭祀的话,逢上旬宜用纯牝,如此神灵才会接受(即祭祀得吉)。再比如下面这组筮例:

六一六　六六一
六六一　九一六　三男同女,乃得。
六六六　一六一
六一一　一一一　三女同男,乃得。

右边的筮例中,右上是坎卦,右下是震卦,左上是震卦,左下是巽卦。在这四个卦中,巽卦是长女卦,坎卦是中男卦,震卦是长子卦。四个卦中三男一女,所以繇辞说是"三男同女"。在左边的筮例中,四个卦分别是坤、离、兑、乾,其中坤、离、兑都是女卦,只有乾卦是男卦,所以说是"三女同男"。通过这些具体的筮例,可以看出这种筮法是以四个三爻卦的关系来推断吉凶的。至于卦象,用得最多的就是《周易》中所谓的"父母六子卦"。不过,在《筮法》中只用男、女将八卦分为两类,虽然看得出是以乾、坤为父母,但并无"父母六子卦"这样的表述。在这组卦象之外,《筮法》还将八卦与方位、季节相配:

春:来巽大吉,劳小吉,艮罗大凶,兑小凶。
夏:劳大吉,来巽小吉,艮罗小凶,兑大凶。
秋:兑大吉,艮罗小吉,劳大凶,来巽小凶。
冬:艮罗大吉,兑小吉,来巽大凶,劳小凶。

第二编　奇偶阴阳，变幻莫测

其中，"来"即震卦，"罗"即离卦，"劳"即坎卦。从上述文字可知，《筮法》应当是以震巽配春季，坎配夏季，兑配秋季，艮离配冬季。在第二十四节，更有八卦与方位相配的图形：

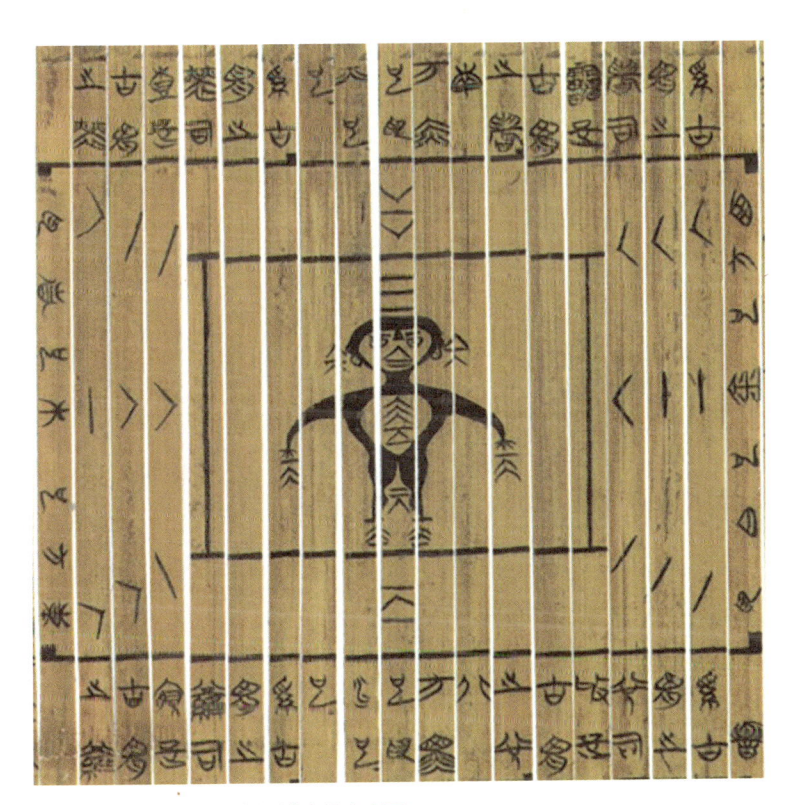

> 清华大学藏战国竹简《筮法》中的人身图

图形的外圈，是相应的说明文字，释文如下：

奚故谓之震？司雷，是故谓之震。奚故谓之劳？司树，是故谓之劳。奚故谓之兑？司收,是故谓之兑。奚故谓之罗？司藏,是故谓之罗。

这组文字中,震卦不写作"来",而是用"震"字。在外圈的中间,有相关方位的说明:

东方也,木也,青色。
南方也,火也,赤色也。
西方也,金也,白色。
北方也,水也,黑色也。

从以上图片和文字看,震在东方,司雷(其实是春),可对应木,青色。兑在西方,司收(其实是秋),可对应金,白色。坎在南方,司树(其实是夏季),可对应火,赤色。离在北方,司藏(其实是冬季),可对应水,黑色。这些对应与《周易·说卦传》所说的"后天八卦方位"略有不同,在《说卦传》中,坎在北方,离在南方。

在上引的图形中,正中心是一个人身图,在人体各部位上有对应的八卦卦象:乾对应首,坤对应胸,罗(离)对应腹,坎对应耳,艮对应手,震对应足,巽对应股,兑对应口。在《说卦传》中,同样有相似内容,只不过是文字:

乾为首,坤为腹,震为足,巽为股,坎为耳,离为目,艮为手,兑为口。

此外，八卦还与天干相匹配：

乾　甲壬
坤　乙癸
艮　丙
兑　丁
劳　戊
罗　己
震　庚
巽　辛

除说明卦象外，《筮法》中还有所谓"肴象"：

凡肴象，八为风，为水，为言，为飞鸟，为肿胀，为鱼，为罐筲，在上为醪，下为汏。

五肴为天，为日，为贵人，为兵，为血，为车，为方，为忧、懼，为饥。

九象为大兽，为木，为备戒，为首，为足，为蛇，为它，为曲，为玦，为弓、琥、璜。

四之象为地，为圆，为鼓，为珥，为环，为踵，为雪，为露，为霰。

凡肴，如大如小，作于上，外有咎；作于下，内有咎；上下皆作，邦有兵命、爇怪、风雨、日月有食。

以上所说"肴"并不包含数六、七,但在数字与地支的对应中,却涉及所有六个筮数:

子午　九
丑未　八
寅申　一
卯酉　六
辰戌　五
巳亥　四

其中,字形"一"记录的是数字"七"。在清华简《筮法》中有八卦、卦象、肴象,但并无"六十四别卦"。这篇文献的很多理论为探索数字卦的卜筮原理提供了依据。此前人们经常追问一个问题:古人怎么用三个、四个或六个重叠在一起的数字来预测吉凶?现在,因为《筮法》的重光,这个问题虽不至于完全解决,但至少获得了两点可以确认的知识。一,具体的数字有其象征意义。二,可以将三个数字转化为八卦之一,或将六个数字重叠的卦象简化为两个重叠的八卦(未必是六十四别卦)。

当然,清华简《筮法》也提醒人们再次思考一个老生常谈的问题:周文王是否重卦?

二、因而重之，周人始创

众所周知，《周易》有"六十四别卦"。由于这"六十四别卦"均由两个三画卦重叠而成，故又称为"重卦"。关于"重卦"的创始，古人有不同说法，孔颖达在《周易正义》卷首有专篇讨论：

然重卦之人诸儒不同，凡有四说。王辅嗣等以为伏牺画卦，郑玄之徒以为神农重卦，孙盛以为夏禹重卦，史迁等以为文王重卦。其言夏禹及文王重卦者，案《系辞》神农之时已有"盖取益与噬嗑"，以此论之，不攻自破。其言神农重卦亦未为得，今以诸文验之。案《说卦》云"昔者圣人之作易也，幽赞于神明而生蓍"，凡言"作"者，创造之谓也。神农以后，便是述修，不可谓之作也。则"幽赞用蓍"谓伏牺矣。故《乾凿度》云："垂皇简者牺。"《上系》论用蓍云"四营而成易，十有八变而成卦"，既言圣人作易十八变成卦，明用蓍在六爻之后，非三画之时，伏牺用蓍，即伏牺已重卦矣。

孔颖达归纳了四种观点，然后依据他所能看到的证据作出分析，认为是伏羲重卦。其实，孔颖达的分析有问题，因为在《系辞》中，关于重卦之人，本就有两种不同的说法，例如《系辞下》说："《易》之兴也，其于中古乎？作《易》者，其有忧患乎？"所谓"中古"当指商周之际。再如："《易》之兴也，其当殷之末世，周之盛德邪？当文王与纣之事邪？"虽然是推测语气，但明显倾向于赞成重卦起于商周之际，而非远古的伏羲。当然，《系辞》所说"作《易》者""《易》之兴也"，未必是指制作重卦。

由上可知，汉魏时期的人已经弄不清楚何人重卦，更不用说时代还要晚一点的孔颖达。唐代以降，仍有很多人讨论过"文王重卦"，不过多是在少量文献的基础上作一些主观性较强的推测。

> 河南省汤阴羑里城八卦阵

当张政烺先生将殷墟陶片、卜骨上的三画卦、六画卦转写为《周易》的"六十四别卦"时，人们很自然地提出了上述老问题：既然在殷商时代就有重卦，那古文献中所说的"文王重卦"自然不可信。当清华简《筮法》重见于世时，这一个推理似乎变得更为可信。

但事实恐非如此简单。有学者提出,六画或六个数字组成的重卦未必等于"六十四别卦",并认为《筮法》就可以证明此点。《筮法》用四个三画卦组成一个"四位"的形式,然后分析四个卦象之间的关系,在这个体系中,并不需要用两两重叠的三画卦去生成某个"六十四别卦"。因此,可以说在《筮法》的体系里存在"重卦"的形式,但不可说它必然会有,或需要"六十四别卦"。用四个三画卦组成"四位"显然是一种复杂形式,因为至今没有在战国之前的数字卦中发现过这种形式。人们发现的更多是用两个三画卦重在一起。这些由两个三画卦重叠在一起的卦象通常用四个,或四个以上的数字,而非两个符号。从形式上来说,它们与《周易》的"六十四别卦"是有区别的。从《筮法》所用理论看,它们就算不利用"六十四别卦",而是用两个三画卦之间的关系、具体数字的象征意义,同样可以预测吉凶。

因此,由《筮法》可知,现在否定"文王重卦"的传说仍然为时过早。而从另一个角度看,《周易》的出现与周人的文化又确实有密切的关系,这一点由上文所举四盘磨的"易卦"卜甲等就可以说明。更进一步看,既然"贞吉""孚于休命"这类话在周人的甲骨上被发现,则"文王重卦""文王系辞"之类的传说似乎又是可信的。当然,我们不能机械地将这类传说理解为周文王发明了重卦或撰写了卦爻辞,而应将它理解为周人创造出了"六十四别卦"体系,并为之编撰了一部前所未有的书籍,说是"文王"所为,只是后人的假托而已。

孔颖达在编撰《周易正义》时,也考证了《周易》卦爻辞的作

者,他认为:

> 其《周易》系辞凡有二说,一说所以卦辞、爻辞并是文王所作,知者案《系辞》云"《易》之兴也,其于中古乎?作易者其有忧患乎?"又曰:"《易》之兴也,其当殷之末世,周之盛德邪?当文王与纣之事邪?"又《乾凿度》云:"垂皇策者牺,卦道演德者文,成命者孔。"《通卦验》又云:"苍牙通灵昌之成,孔演命明道经。"准此诸文,伏牺制卦,文王系辞,孔子作《十翼》,"易历三圣"只谓此也。故史迁云:"文王囚而演易。"即是作易者其有忧患乎!郑学之徒并依此说也。二以为验爻辞多是文王后事,案升卦六四"王用亨于岐山",武王克殷之后始追号文王为王,若爻辞是文王所制,不应云"王用亨于岐山"。又明夷六五"箕子之明夷",武王观兵之后箕子始被囚奴,文王不宜豫言"箕子之明夷"。又既济九五"东邻杀牛,不如西邻之禴祭",说者皆云"西邻"谓文王,"东邻"谓纣。文王之时纣尚南面,岂容自言己德受福胜殷?又欲抗君之国遂言东西相邻而已。又《左传》"韩宣子适鲁,见易象"云:"吾乃知周公之德。"周公被流言之谤,亦得为忧患也。验此诸说,以为卦辞文王,爻辞周公,马融、陆绩等并同此说。今然而用之,所以只言三圣不数周公者,以父统子业故也。案《礼稽命征》曰:"文王见礼坏乐崩,道孤无主,故设礼经三百,威仪三千。"其三百三千即周公所制《周官》《仪礼》,明文王本有此意,周公述而成之,故系之文王。然则《易》之爻辞盖亦是文王本意,故易纬但言文王也。

孔颖达认为是周公作爻辞,但却是"文王本意",所以说是文王所作。这种说法虽然是根据不太可信的纬书得出,但似乎也有一定合理性。我们现在虽能看到数字卦,甚至有与《周易》卦序相近的材料,但至今没有在春秋之前的材料上见到过完整的一条卦辞或爻辞。前文所说鼎卦戈是一个例外,它的时间大致在西周晚期或春秋早期。不过,戈上的铭文与《周易·鼎》的爻辞仍有一些细节上的差别。从古代典籍的成书和流传现象看,有一些细节上的差别并不奇怪。但鼎卦戈仅是一条存在诸多模糊性、不确定性的材料,它与《周易》之间的联系仍有待更多证据。

在《左传》中,春秋时期人们所引的卦爻辞却与今本《周易》极其相近。在大部分可以确定是用《周易》的筮例中,所引用的繇辞与今本《周易》几乎没有区别。这说明在春秋时期,《周易》的卦爻辞体系已经相当稳定。换而言之,此书可能在春秋之前就已经成书定型。因此,我们大致可以将《周易》卦爻辞编竣的下限定在春秋早期。

至于卦爻辞成书的上限,上引孔颖达的论说是很好的材料。依孔颖达的说法,卦爻辞的成书应该是在周文王去世之后。而依现代很多学者的考证,《周易》卦爻辞从用韵现象,到许多四字一句的类似诗歌的句子,以及与《诗经》类似的一些句子,都可说明卦爻辞的编撰时间与《诗经》中一些篇目的时间很相近。当然,《诗经》中一些具体篇目的成篇时间又是一个难题。所幸的是,从西周早期金文几乎不用韵的现象看,像《诗经》这样的韵文不应该早于西周早期,它最早的篇目恐怕应成于西周中期以后。借着此点,我们可以将《周易》卦爻辞成书的上限定在西周中晚期。

也就是说，现在的数字卦材料可以说明，殷商时代是有筮法的，西周也有筮法。但西周的筮法与殷商时代的可能有很大不同，比方说它有"六十四别卦"体系，有完整的卦爻辞体系。尤其是前一点，现在看来几乎是确凿无疑的。

既然如此，我们又该如何理解《周礼》所说的"三易"呢？《周礼》原文是这样说的：

（大卜）掌三易之法，一曰《连山》，二曰《归藏》，三曰《周易》。其经卦皆八，其别皆六十有四。

在《周礼》中，并没有说《连山》为夏易，《归藏》为殷易，《周易》为周人之"易"。由于贾公彦、郑玄等人的注释如此说，后人遂认定此"三易"是"三代"（即夏、商、周）之"易"。《连山》和《归藏》均不见于《汉书·艺文志》，只在两晋以后的文献中屡被引用。现在人们看到的，主要是由清人辑佚的本子。从辑佚的本子看，《连山》和《归藏》虽然有六十四卦，但卦爻辞风格与《周易》有许多不同。严可均《全上古三代秦汉三国六朝文》辑佚了《归藏》，其开篇就辑佚了25件事，疑是用《归藏》，比如以下内容：

羿请不死之药于西王母，姮娥窃之以奔月，将往，枚筮之于有黄。有黄占之曰："吉。翩翩归妹，独将西行。逢天晦芒，毋惊毋恐，后且大昌。"（《续汉·天文志上》注引张衡《灵宪》，当是《归藏》之文）

鲧筮之于《归藏》,得其大明,曰:不吉。有初亡后。(《路史·后纪十三》)

昔者夏后启筮,享神于晋之墟,作为璇台于水之阳。(《艺文类聚》六十二,《文选·王元长曲水诗序》注,《初学记》二十四,《御览》一百七十七)

昔夏后启筮,享神于大陵,而上钩台,枚占皋陶。曰:不吉。(《北堂书钞》八十二,《初学记》二十四,《御览》八十二)

> 嫦娥奔月神话雕像

对于以上内容的性质,严可均有比较谨慎的看法:

> 已上二十五事引见不著篇名,其云"黄神"至"夏后启占验"当在《启筮篇》。而并及武王、穆王者,盖太卜增加。《北堂书钞》一百一引桓谭《新论》"《归藏》藏于太卜",故殷易有周事,凡繇辞外皆传说耳。

严可均的这段话讨论了两个问题,一是在所谓的"殷易"《归藏》中居然有西周武王、穆王的事,二是古籍中所见《归藏》遗文多有传说,与同为"三易"之一的《周易》非常不同。严可均对前者的解释是"太卜增加",即是后来者增益的结果。至于那些传说,严可均则认为不是"繇辞"。这两点其实都不成立。

首先,先秦古书在流传过程中的"增益"确实是常见现象,但就《归藏》的这些遗文看,简单地将它们归因于"增益"是很草率的。在王家台秦墓竹简《归藏》中,同样有西周,甚至是春秋时期的事情。如果将这种现象归因于"增益"的话,只能说明《归藏》在春秋时期仍然没有定型。因为与其性质相同的《周易》基本不是如此。在《左传》中有一些筮例,凡是明确引用《周易》的地方,文字都与今本大致不差,这说明对一部已经定型的书籍来说,是不太可能像《归藏》这样的。在王家台秦墓竹简《归藏》中,同样有许多神话传说,并且都事关占筮。在神话传说中,由某人占卜而引出一段占辞。像这样的内容,在《左传》中也是有的。因此,我们可以推测,这种利用一些筮例(或者说是杜撰筮例)来组成占卜书籍的做法并不少见,《归藏》一书的编撰也属此例。

其次,由王家台秦墓竹简《归藏》看,它用来记录卦象的工具已经是阴阳爻符号,这一点与出土于殷墟陶片、卜骨上的数字卦是不同的。当然,考古遗物上的数字卦就其性质而言,与筮书的卦象是不同的,它们终究是实占记录。但是,我们不应忽略两点现象,一是清华简《筮法》是一本筮书,可它仍用数字记录卦象。二是至今没有在殷墟出土的遗物上发现卦名,而在王家台秦墓竹简《归藏》中是有完整卦名的(由于竹简残损,有些卦名已经看不到)。王家台秦墓竹简《归藏》的卦名与《周易》的卦名虽有些不同,但可以看出卦象总数应该是64个,卦名与《周易》只是大同小异。在卦象总数上,王家台秦墓竹简《归藏》无疑符合《周礼》的描述。至于王家台秦墓竹简《归藏》、辑佚本《归藏》与所谓"殷易"的关系,汉人的说法至今未得到确凿的证据,仍然是可疑的。既然如此,我们当然找不到证明商代已有"重卦"或"六十四别卦"的证据。换而言之,文王重卦,或周人重卦的说法仍然有很高的可信度。

说到这里,自然有必要谈谈《周易》这个书名。孔颖达说:"夫易者,变化之总名。"《周礼》说太卜"掌三易",是以《周易》之"易"当理解为一种占卜书的名称。而在"十翼"诸篇中,屡称《周易》为"易",亦可见在这个书名中,"易"是关键。在《左传》中,多称《周易》,而不见称"易"。至于"周"字,郑玄云:"言易道周普。"但孔颖达认为郑玄论无所据,认为"周"是代名:

案,《世谱》等群书:神农一曰连山氏,亦曰列山氏。黄帝一曰归藏氏。既"连山"、"归藏"并是代号，则"周易"称易，取岐阳地名，《毛诗》云"周原膴膴"是也。又文王作易之时，正在羑里，周德未兴，犹是殷世也，故题"周"别于殷，以此文王所演，故谓之《周易》。其犹《周书》《周礼》题"周"以别余代，故《易纬》云"因代以题周"是也。先儒又兼取郑说，云既指周代之名，亦是普遍之义。虽欲无所遐弃，亦恐未可尽通。其易题"周"，因代以称"周"，是先儒更不别解。唯皇甫谧云：文王在羑里演六十四卦，著七八九六之爻，谓之"周易"，以此文王安"周"字。其系辞之文，《连山》《归藏》无以言也。

> 马国翰《玉函山房辑佚书·归藏》书影

孔颖达认为既然"连山""归藏"是代名，则"周易"之"周"亦当是代名。这个推理很有道理，不过，并不是无懈可击。在古文献中，"神农""黄帝"虽可视作代名，但主要还是氏族名。以氏族名视之，则《连山》《归藏》都是以氏族名为书名的。但"周"并非氏族名，且在文王之时，周人未必受天命，何以会用"周"作为继殷之后的"代名"？从现代考古学、历史学的角度看，以"周"为族群之名号似乎更为合适。周人所创之易筮，自然名为"周"，这与殷人之易是不同的。

三、一阴一阳，是为易道

阴、阳二爻是《周易》"六十四别卦"的基本符号，但说到两个符号的起源，却有许多争议。一种观点认为两个符号其实就是数字"一"和"二"，另一种观点认为两个符号与上古的生殖崇拜相关。这是两种主要的观点。当张政烺先生破译了"奇字"后，越来越多的学者认为阴阳爻符号是从数字变来的。早先很多学者认为阳爻符号是从数字"一"变来的，阴爻符号是从数字"六"或"八"变来的。当清华简《筮法》公布之后，阳爻从"一"变来的看法似乎受到一些挑战。因为在《筮法》篇中，字形"一"是代表数字"七"的，换而言之，至少就《筮法》的情况看，阳爻符号是从数字"七"变来的。

古代将"一"到"十"这10个自然数分为两类，从"一"到"五"是生数，从"六"到"十"是成数。如果说阴阳爻符号是从"一"和"六"变来的，则前者可代表生数，后者可代表成数。若是从

"六"和"七"变来的,则两者都是成数,这似乎与常见的"对称规律"不相符。至于数字"八",其字形与"六"的古文字字形区别很小,只是顶端分开而已。从马王堆汉墓帛书《周易》看,阴爻符号与"八"更接近。而在王家台秦墓竹简《归藏》、上海博物馆藏战国竹简《周易》、清华大学藏战国竹简《筮法》中,阴爻符号几乎与数字"六"的古文字字形没有区别。不过,在数字卦阶段,"八"具有特别意义,比如在清华大学藏竹简《筮法》中,虽然用古文字"六"的字形表示阴爻,但数字"八"却依然存在,且是非常重要的"肴"。在西安出土的西周陶拍中,既有写作"六"的阴爻符号,也有数字"八",但没有其他数字。另外,在《左传》《国语》记录的筮例中,有三个"见八"的例子,一直未得确解。目前学界大多数人认同这三例中的"八"当是阴爻。换而言之,这三例说明数字"八"在春秋时期的筮法中仍有特殊意义,所以会被单独提出来,作为判断吉凶的重要参照。因此,和"六"比较起来,数字"八"可能是比较晚才被统一到阴爻符号中的。

也就是说,早期的阴爻符号是统摄"六"等偶数的,由于"八"具有特殊意义,故此很长时间被单独记录。到后来,由于筮法变化,不再强调数字的特殊意义,故此"八"就没有必要继续单独记录,可以一并合到阴爻符号里。而阴爻的写法,早期可能与数字"六"相同,后来可能为了书写便捷而发生变化,成了"八"字形的样子。最后,撇捺被写成不相连的两短横,变成现在阴爻的样子。

要之,从形体上说,阴阳爻符号是从数字变来的。从含义上说,阴阳爻符号其实是表示奇偶数的,是从数字中抽象出来的。从《周易》的起源来说,以上推论很符合其"数占"的本质。

所谓"数占"就是用数字组成卦象来进行预测,所用数字的个数从一到六,甚至更多,不一而足。"数占"的原理与数字的奇偶特性、数字的神秘意义是分不开的。《周易》本质上也是"数占",因为它用到了数字六、七、八、九。不同的是,《周易》并不注重这四个数字的特殊意义,而是直接将它们抽象为阴、阳爻符号,进而创造出八卦、六十四卦。

　　八经卦是阴、阳爻符号重叠三次,六十四别卦是阴、阳爻符号重叠六次,或者说,是由两个八经卦重叠而成。八经卦是乾、坤、震、巽、坎、离、艮、兑,它们各有象征意义(即卦象),《周易·说卦传》就记录了许多卦象,其中有些卦象当有比较久远的渊源。由于卦象很多,故抽取一些出来作为基本的卦象,分别是乾为天,坤为地,震为雷,巽为风,坎为水,离为火,艮为山,兑为泽。这八种卦象又各有其德性,即"卦德":乾为健,坤为顺,震为动,巽为入,坎为陷,离为明,艮为止,兑为说(悦)。八卦又有一定的排列顺序,比如《说卦传》有如下一章:

　　天地定位,山泽通气,雷风相薄,水火不相射,八卦相错。数往者顺,知来者逆,是故《易》逆数也。

　　古代易学家称说的"先天八卦"即依据这段话,依此画出的卦图被称为"先天八卦图"或"八卦天地定位圆图",并被传说是伏羲所创。将图中八卦按乾一、兑二、离三、震四、巽五、坎六、艮七、坤八的顺序排列,则成"先天八卦卦序"。这个卦序又被应用在宋人制作的"伏羲六十四卦方圆图"中。

| 出土文献中的数术文化 |

> 钱义方《周易图说》中的"八卦天地定位圆图"

> 胡方平《易学启蒙通释》中的"伏羲六十四卦图"

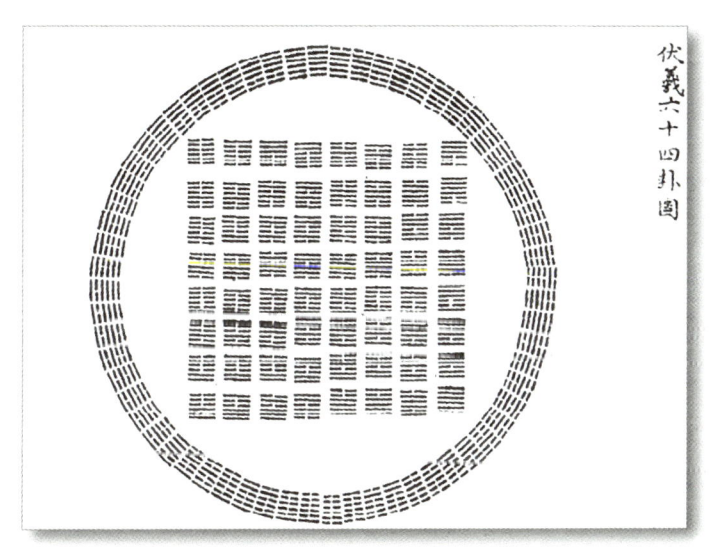

从现有文献看,"先天八卦序""先天八卦卦图"可能是宋人发明的。因为就《说卦传》看,并无强调八卦之顺序的意思。在目前发现的出土文献中,至今未见有"先天八卦图"的明显证据。在汉以后的铜镜等义物上,倒是时常用"后天八卦图"做装饰。接着上引文字的后面,是如下内容:

雷以动之,风以散之,雨以润之,日以烜之,艮以止之,兑以说之,乾以君之,坤以藏之。

这段文字显然是用来解释前面一章的,且将重点放在各卦的功能之上,而非相互间的顺序上。不仅如此,它还将乾、坤两卦置于最后。如果前面一章确实包含卦序的话,此章解释性的

内容似宜按序排列。与此章内容相隔一章的内容也是用来解释被宋人说为"先天八卦"一章的,内容如下:

> 神也者,妙万物而为言者也。动万物者莫疾乎雷,桡万物者莫疾乎风,燥万物者莫熯乎火,说万物者莫说乎泽,润万物者莫润乎水,终万物,始万物者莫盛乎艮。故水火相逮,雷风不相悖,山泽通气,然后能变化,既成万物也。

在这一章中,没有说乾、坤两卦。其他六卦的顺序则是震、巽、离、兑、坎、止,而且在复述"先天八卦"章时,亦与原文不同,说成是:"水火不相逮,雷风不相悖,山泽通气。"由这一章看,"先天八卦"章也是没有所谓"卦序"的。因此,现在所说"先天八卦卦序"可能主要出于宋人的阐发,在《周易》经传文字中确实很难找到直接证据。

不过,"后天八卦卦序"在《说卦传》中却是明文载录的:

> 帝出乎震,齐乎巽,相见乎离,致役乎坤,说言乎兑,战乎乾,劳乎坎,成言乎艮。万物出乎震,震东方也。齐乎巽,巽东南也,齐也者,言万物之洁齐也。离也者,明也,万物皆相见,南方之卦也。圣人南面而听天下,向明而治,盖取诸此也。坤也者,地也,万物皆致养焉,故曰:致役乎坤。兑,正秋也,万物之所说也,故曰:说言乎兑。战乎乾,乾,西北之卦也,言阴阳相薄也。坎者,水也,正北方之卦也,劳卦也,万物之所归也,故曰:劳乎坎。艮,东北之卦也。万物之所成终而所成始也。故曰:

成言乎艮。

由于文中载明了方位,因此可据文画出下图:

> 钱义方《周易图说》中的"八卦帝出乎震圆图"

传说这个八卦方位图是由周文王创立的,顺序是乾、坎、艮、震、巽、离、坤、兑。这个卦序其实是将八卦分作两类,一是阴类,即巽、离、坤、兑;二是阳类,即乾、坎、艮、震。古人认为将八卦如此排序的目的是反映阴阳之气的消长变化,不过,按前文所引战国竹简《筮法》的解释,这样排列恐怕未必与阴阳之气的消长变化相关。为阅读方便,不妨将战国竹简《筮法》中的文字再次引在下面:

奚故谓之震?司雷,是故谓之震。奚故谓之劳?司树,是故谓之劳。奚故谓之兑?司收,是故谓之兑。奚故谓之罗?司藏,是故谓之罗。

这里解释的是震、劳(坎)、兑、罗(离)四个卦的方位。说震"司雷",可能是因为在古汉语中,"震"有雷的意思,而雷在古代可象征春天,因此用震卦对应春天。而春天可与东方对应,故震在东方。劳(坎)卦有劳作之义,而劳作的重要内容就是种植,即"树"。夏天是一年之中劳作最辛苦的季节,故此以"树"象征夏天。夏天可以对应南方,故此以劳(坎)卦对应南方。兑与"脱"古音相近,秋天秋收,即是使粮食、果实"脱"离植物,所以说兑卦"司收"。秋与西方对应,故兑与西方相匹配。罗(离)有收藏之义,秋收冬藏,故以罗对应冬天。冬天与北方相应,故此罗(离)对应北方。从这段话可以看出,它完全没有解释季节与方位的匹配逻辑。换个角度来说,季节与方位的对应是"不言而喻"的,即在卦与方位匹配之前就已经存在。

从上面的分析来看,《筮法》完全没有讨论阴阳之气的消长,仅是从卦名字义的角度进行分析。至如巽、艮两卦的方位或顺序,其实在《说卦传》就有解释,此文在上面已经引用:"桡万物者莫疾乎风,燥万物者莫熯乎火,说万物者莫说乎泽,润万物者莫润乎水,终万物,始万物者莫盛乎艮。"在这里,巽在震之后,兑在离之后,坎在兑之后,最后是艮。艮者止也,所以用艮卦结尾。

要说明乾、坤的顺序,则有必要将八卦配上五行。按《筮法》的安排,震巽为木,坎为火,坤为土,兑乾为金,离艮为水。如果从震卦开始顺时针看的话,就是一个五行相生的顺序。当然,传统易学是以艮为土的,这是由艮为山推导出来的。但在《筮法》中,艮却为水,这是追求后天八卦符合五行相生之序的结果(无论是坎南离北,还是坎北离南,南方为火,北方为水是不变的)。战国时代,五行相生之序早已经诞生,故艮为水的说法是较合理的。依此看,在离火之后,当然应该是坤土,在坤土之后,当然应该是兑金。乾金之后,当然应该是艮水,然后是震木。

因此,五行相生、四正卦是后天八卦得以产生的思想文化基础。只是五行相生、四正卦在《说卦传》中并无直接的记载,故以前的学者都没有注意到这一点,转而以阴阳学说解释后天八卦的卦序。

虽然先天八卦、后天八卦与阴阳学说的关系并无宋代易学家说得那么密切,但是,在战国秦汉时期,的确有人试图以卦序的形式来表达阴阳学说。首先,在马王堆帛书"六十四卦"的经文中,六十四卦的排序不同于今本,它依据八卦重叠成六十四卦的原理,将上卦排成乾、艮、坎、震、坤、兑、离、巽,将下卦排成乾、坤、艮、兑、坎、离、震、巽。在将上、下卦重合时,先依次取上卦某一卦的纯卦,再取它与下卦其他七卦重合得出的别卦,比如第一组是乾、否、遯、履、讼、同人、无妄、姤,第二组是艮、大畜、剥、损、蒙、贲、颐、蛊。就上、下卦看,上卦是将八卦分成阴、阳两组,且每组内部依父母、少、中、长的顺序排列,以喻阴阳之生长。下卦是将八卦分成四组,每组皆阴阳相匹配,以喻阴阳和谐。无独有偶,清华大学藏战国竹简《别卦》也是依这种顺序排列六十四卦。

其次,汉代的京房创有"八宫卦",采取的思路与上述出土简帛中的卦序有同也有不同:

京房"八宫卦"

兑	离	巽	坤	艮	坎	震	乾	本宫／世魂
困	旅	小畜	复	贲	节	豫	姤	一世
萃	鼎	家人	临	大畜	屯	解	遯	二世
咸	未济	益	泰	损	既济	恒	否	三世
蹇	蒙	无妄	大壮	睽	革	升	观	四世
谦	涣	噬嗑	夬	履	丰	井	剥	五世
小过	讼	颐	需	中孚	明夷	大过	晋	游魂
归妹	同人	蛊	比	渐	师	随	大有	归魂

京房"八宫卦"中,八宫的顺序依次是乾、震、坎、艮、坤、巽、离、兑,同样是将八卦分成两组,只不过是按长、中、少的顺序排列,与马王堆帛书、清华简《别卦》略有不同。在每宫的八个别卦中,依爻的升降排序,以此说明阴、阳爻的消长,这与简帛卦序完全不同。

以上战国、西汉的两种卦序说明,在较早的时候,人们只设想到在八卦卦序中融合阴阳学说。到晚一点的时间,则设想在六十四别卦中融合阴阳学说。但无论是哪一种,都暗含了一个逻辑,即八卦、六十四卦是反映阴阳学说的,是符合阴阳学说的。而阴阳学说又被认为是宇宙的基本规律之一,说易卦契合阴阳学说,就如同说《周易》可以契合宇宙一切变化背后的基本规律。因此,《周易》卦象虽然只有64个卦,但却被认为可以反映整个宇宙的变化。

以上所说卦序都是与通行本不同的,下面再说说通行本《周易》的卦序。宋代的朱熹曾编写了"六十四卦歌",卦名排序就是依通行本:

乾坤屯蒙需讼师,比小畜兮履泰否,
同人大有谦豫随,蛊临观兮噬嗑贲,
剥复无妄大畜颐,大过坎离三十备。
咸恒遁兮及大壮,晋与明夷家人睽,
蹇解损益夬姤萃,升困井革鼎震继,
艮渐归妹丰旅巽,兑涣节兮中孚至,
小过既济兼未济,是为下经三十四。

通行本首先将六十四别卦分为上、下经,上经三十卦,下经三十四卦。将六十四别卦分上、下两编目前最早见于海昏墓竹简《易占》,此篇的成书可能在西汉昭帝、宣帝之前。之所以上、下经卦数不均衡,是与覆、变关系相关的。在通行本中,相邻两卦的关系无外乎两种,要么像乾、坤这样,相同位置之阴阳爻完全相反。要么像屯、蒙这样,其中一卦颠倒,将初爻变为上爻,二爻变为五爻……就可以得到另一卦。前者称为"变",后者称为"覆"。如果将互覆的卦视为一卦,互变的两卦仍视作两卦,则上经是十八卦,下经也是十八卦,如下图所示:

> 佚名《周易图》"序卦图"

乾、坤两卦纯阴纯阳,最为特殊,所以排在前最面。既济、未济象征结束,然后再次开始,所以排在最后面。坎、离是水、火,是至阴、至阳之物,而且两个卦也是变的关系,与乾、坤两卦一样,所以放在上经的最后面。至于为什么将咸、恒放在下经最开首,以及每一组覆卦中的两个卦又是如何排序,学界至今没有非常有说服力的解释。

大体来说，通行本的卦序主要考虑的是卦与卦之间的关系，阴阳学说对其有影响，但似乎不大，表现得不是很明显。在竹简《别卦》、马王堆帛书《周易》中，阴阳学说成为排列六十四卦卦序的主要逻辑。同时，被用于占卜的"后天八卦"与阴阳学说的结合也不甚明显。换而言之，阴阳学说对卦序的影响、渗透有一个长期的过程，这个过程到战国时代已经基本完成，到汉人手里，又得到精细化的呈现。至于五行与八卦的匹配，却有可能早于阴阳学说。

> 航拍农田太极图

四、亦诗亦筮，圣人系之

在十三经中，《周易》是最难读的一部，因为它用浪漫的诗性语言、神秘莫测的卜筮形式表达了深刻的人生哲理。读者诸君若不信，请看六十四卦中的第一个卦的卦爻辞：

乾：元亨，利贞。

初九：潜龙，勿用。

九二：见龙在田，利见大人。

九三：君子终日乾乾，夕惕若，厉，无咎。

九四：或跃在渊，无咎。

九五：飞龙在天，利见大人。

上九：亢龙有悔。

用九：见群龙无首，吉。

首先，龙是一种神秘的动物，乾卦通篇以"龙"贯穿始终，使全卦罩上一层神话色彩。其次，"潜龙""见龙在田""或跃在渊""飞龙在天""亢龙有悔"这类句子与《诗经》中的一些句子极其相似，至少在形式上是诗性的。最后，无论是"潜龙"，还是"见龙"，抑或最后的"亢龙"，明眼人一看便知是隐喻，这就如同《诗经》中的"比""兴"。说龙并非目的，只是"顾左右而言他"的"他"。诚如古往今来的易学家所言，其中的"龙"是比喻君子的。"潜""飞""跃"，不过是君子的处境或行动而已。因此，从

"潜龙勿用"这句话人们可以读出韬光养晦的告诫，从"见龙在田"可以读出气势腾腾的将来，从"或跃在渊"可以读出跃跃欲试的心境，从"终日乾乾"可以读出勤勉不懈的拼搏，从"飞龙在天"可以读出唯我独尊的霸气，从"亢龙有悔"可以读出勿要刚愎自用的警告，从"见群龙无首"可以读出谦虚退让的告诫。再比如坤卦：

坤：元亨，利牝马之贞。君子有攸往，先迷后得主，利西南得朋，东北丧朋。安贞，吉。
初六：履霜，坚冰至。
六二：直，方，大，不习无不利。
六三：含章可贞。或从王事，无成有终。
六四：括囊；无咎，无誉。
六五：黄裳，元吉。
上六：龙战于野，其血玄黄。
用六：利永贞。

在卦辞中，"先迷后得主"是说要谦让。初六爻辞"履霜，坚冰至"虽然是描述自然现象，但可以看出有防微杜渐、见微知著的意思。"直，方，大"的意思有很多歧解，暂时不好说。但六三的"含章可贞"却明显有劝人谦让含蓄的意思。"括囊"表面是说口袋要束紧，但结合后面的"无咎，无誉"看，它告诫人要慎言的意思也很明显。六五、上六只是直描，不好说有太深刻的含义。但到用六说"利永贞"，则显然又有隐忍、谦让的意义。再看屯卦：

> 屯：元亨,利贞,勿用有攸往,利建侯。
> 初九：盘桓；利居贞,利建侯。
> 六二：屯如邅如,乘马班如。匪寇婚媾,女子贞不字,十年乃字。
> 六三：即鹿无虞,惟入于林中,君子几不如舍,往吝。
> 六四：乘马班如,求婚媾,往吉,无不利。
> 九五：屯其膏,小贞吉,大贞凶。
> 上六：乘马班如,泣血涟如。

在屯卦中,包含人生经验、哲理的爻辞要少一些,比较明确的有六三和九五。六三说"即鹿无虞,惟入于林中,君子几不如舍",这是告诫君子行事需有准备,不可唐突。唐突行事,不如不做。而九五"屯其膏,小贞吉,大贞凶",则是提醒人们不可贪婪,应当散其恩惠。遇贪婪之人,小事或可成,大事则必败。

乾、坤、屯三卦是通行本《周易》的前三个卦,在排序上就显示出了它们的重要性,乾、坤两卦更有发凡起例的作用。从上文可以看出,《周易》的好些卦爻辞不是简单的说吉凶休咎,而是通过卦爻象、卦爻辞构建一个意象,再通过这个意象的吉凶休咎表现出作者的思想。比如乾卦九三说"君子终日乾乾,夕惕若",这是描述一个君子勤勉其事,朝夕不懈,然后再说"厉,无咎"。厉,危险。咎,灾难。有危险,但没有灾难。这两句话既有告诫,也有劝慰,告诉人不可日夜不休,当随时起兴。但

"君子终日乾乾,夕惕若"终究有其值得褒扬的一面,故此又用"无咎"加以安慰。

由于在朴素的思想外面包裹着诗、筮,因此,《周易》虽然难读,但却富有吸引力,具有独特的魅力。与其他占卜书(或记录)比较起来,《周易》文字的独特性就更为明显。

第一,《周易》经文极少直言吉凶休咎,而是以诗性的爻辞,引出吉凶休咎。以甲骨卜辞来说,绝大部分是非常纯粹的记事。一条诸要素完整的甲骨卜辞有前辞、命辞、占辞、验辞等,其中前辞用来说明占卜的时间、人物,命辞用来说明占卜的事项,占辞用来说明卜兆的吉凶意义,验辞用来记录事实,以与占辞做对比。在甲骨卜辞中,要说吉凶休咎,它就直接说"吉""不吉""凶"等,不会有类似"潜龙"这样的句子。

另外,我们在睡虎地秦简《日书》等材料中,也看到了一些占卜性质的文字,它们同样是直言吉凶休咎的,没有像《周易》象辞那类性质的语句。

至于《归藏》以及《左传》等书记载的一些繇辞,则与甲骨卜辞有一些不同。这些繇辞与甲骨卜辞相比,铺陈繁缛,要复杂得多。但与《周易》卦爻辞相比,它们仍是记事性质的,意义比较明确,与诗歌语言很不相同。至于繇辞中的韵文,则应该引起注意,其出现的时间比较晚。由于现在材料还不多,不好作太多深入的探讨。

当然,在《周易》经文中,也有只记录吉凶休咎的爻辞,但数量不多。《周易》经文中的象辞也有一些是直接记事的,看不出有什么特别的含义,如前文所举坤卦"黄裳",屯卦"盘桓",等等。

但是，可以看出包含有深意的卦爻辞在《周易》中并不少见，这是它与一般占卜书（记录）很不同的地方。

第二，《周易》卦爻辞与象数存在千丝万缕的关系，由于象数的阐释空间较大，这导致《周易》卦爻辞的张力也被扩大，这也是"三易"与一般占卜书最不相同的一个地方（《归藏》《连山》的象数体系现在无从得知，但从八经卦、六十四别卦的卦象体系看，它们也应有与《周易》类似的象数体系）。

传统易学中的象数派认为《周易》卦爻辞无不系于象数，这确有夸大的成分。不过，认真分析每个卦的卦爻辞，确实会发现象数对卦爻辞编撰的影响。以上文举出的乾卦为例，从最下面的初爻开始，龙的处境越来越高，直到上爻的"亢龙有悔"。"亢"字虽然不是地点，但与初爻的"潜"相比，可谓天壤之别。从初爻到上爻，这种渐进式的发展与爻的位置紧密结合，象数的影响是显而易见的。坤卦诸爻辞与爻位的呼应不像乾卦那样明显，但仍然存在。初爻"履霜，坚冰至"，霜是寒气，与阴爻相类。霜与冰相比，霜是寒气之初集，所以放在初爻。到上爻"龙战于野，其血玄黄"，则阴与阳（龙）战，表示阴已经达极致。六三的"含章"、六四的"括囊"，均有内敛藏蓄之义，与阴爻之气质相同。乾、坤两卦是《周易》全篇的开首，具有发凡起例的作用。乾卦侧重呈现的是爻辞与爻位之间的关系，坤卦侧重呈现的则是象辞与阴、阳爻之属性的关系。用九爻和用六爻则阐述了阳类、阴类在实际事务中应予以注意的事项，"见群龙无首"强调的是个体的阳刚与团队的和谐，"利永贞"强调的是坚守与毅力。这些思想在其他卦中都有体现，比如屯卦，初九爻居位最下,但又是阳爻,本质是刚健进取的。"盘桓",盘旋不进,表现的正是想进而不得进的状态。想进是因为阳爻刚健,不得进是因为初爻位卑。到九五爻,不仅阳刚,而且位置最佳。人处此时,最忌顾盼自雄,爻辞说"小贞吉,大贞凶"就是警告不要陷入这种状态。

在《周易》六十四卦中,可以举出许多与象数存在联系的卦爻辞,此点诚然无可辩驳。不过,也可以举出许多与象数未必存在联系的卦爻辞,此点也应注意。下面也举几例:

蒙:亨。匪我求童蒙,童蒙求我。初筮告,再三渎,渎则不告。利贞。
初六:发蒙,利用刑人,用说桎梏,以往吝。
九二:包蒙吉;纳妇吉;子克家。
六三:勿用取女;见金夫,不有躬,无攸利。
六四:困蒙,吝。
六五:童蒙,吉。
上九:击蒙;不利为寇,利御寇。

此卦中,从初爻的"发蒙"到二爻的"包蒙",三爻的"勿用取女",四爻的"困蒙",五爻的"童蒙",上爻的"击蒙",明显是有变化的。至于变化的内在逻辑,则不像乾卦那样清晰,甚至令人迷惑。比如,六四是"困蒙",是已臻困境;六五则是"童蒙",与六四已经全然不同,吉凶休咎也有了区别。先"困"而后"童"的逻辑是什么? 不好说。再看从六五的"童蒙"过渡到上九的"击蒙",则有完全相反的情势,此间逻辑又是如何呢?从初爻到上爻,除三爻外均有"蒙"字,这是编撰者刻意安排的结果,但为什么如此安排,则难以明了。再看师卦:

师:贞,丈人,吉无咎。
初六:师出以律,否臧凶。
九二:在师中吉,无咎,王三锡命。
六三:师或舆尸,凶。
六四:师左次,无咎。
六五:田有禽,利执言,无咎。长子帅师,弟子舆尸,贞凶。
上六:大君有命,开国承家,小人勿用。

这个卦中,从初爻到上爻是依出师、作战、战后奖惩的顺序来编排的,爻位的变化与战争的一般进程相吻合。但是,九二与"在师中"之间的联系并不清晰,其他像"师左次""大君有命",看上去与爻性和爻位也没有太明显的联系。

以上这些例子说明,《周易》一书确实有其象数逻辑。不过,这个逻辑并非贯彻始终,且有时显豁有时隐晦,存在很大的解释空间。显豁者为人们解读卦爻辞提供了证据,隐晦者则为人们解读卦爻辞造成了障碍。有意思的是,正是这层障碍增加了《周易》的魅力。人们解读不了,但又极想解读,于是不断有人倾其智慧于其中。在历代学者前赴后继的解读中,产生了许多优秀的易学作品,浇注出中国古代思想和文化中一道五彩斑斓的景致。

> 新疆伊犁特克斯县八卦城

五、疑而卜筮,据象释卦

现代人解读《周易》卦爻辞,不仅有语言上的阻隔,更有文化上的隔膜。为了突破这两大障碍,易学家历来都重视《左传》

《国语》这两部先秦古书中的一些《周易》筮例,希望从中窥探春秋时人解释《周易》的方法。

> 占卦算卦竹签

在《左传》中,最早的一个《周易》筮例发生在庄公二十二年(公元前672年),原文如下:

陈厉公,蔡出也,故蔡人杀五父而立之。生敬仲。其少也,周史有以《周易》见陈侯者,陈侯使筮之,遇观之否,曰:"是谓'观国之光,利用宾于王'。此其代陈有国乎?不在此,其在异国;非此其身,在其子孙。光,远而自他有耀者也。坤,土也;巽,风也;乾,天也;风为天;于土上,山也。有山之材,而照之以天光,于是乎居土上,故曰'观国之光,利用宾于王'。庭实旅百,奉之以玉帛,天地之美具焉,故曰'利用宾于王'。犹有观焉,故曰其在后乎! 风行而著于土,故曰其在异国乎! 若在异国,必姜姓也。姜,大岳之后也。山岳则配天。物莫能两大。陈衰,此其昌乎!"

这段话说"周史有以《周易》见陈侯者",是周王室的史官,掌有《周易》。陈侯得子后令周史用《周易》卜筮,起得观卦,但有爻变,则成为否卦。观卦坤下巽上,否卦坤下乾上,观卦六四爻变为阳爻,则成否卦。周史所引"观国之光,利用宾于王"就是观卦六四爻辞,由于其中有"宾于王",所以周史说"代陈有国"。但六四爻要变为否卦的九四爻,是变动的,所以又说"不在此,其在异国"。然后又说"非此其身,在其子孙"。对此,周史的解释是:"光,远而自他有耀者也。"这是由"光"的特性引申的。然后又大谈卦象,解释六四爻辞。"犹有观焉,故曰其在后乎!"这是由卦名出发,强调"其在后"。"风行而著于土",这是说巽卦在土之上。风吹则土移,故说"其在异国"。又由于在观卦中,九五、六四、六三成艮卦;在否卦中,九四、六三、六二也成艮卦。艮为山,所以推演出了"山岳"。再由山岳推演出"姜",齐国姜姓,所以说是在齐国。这个预言后来是应验了的,因为逃到齐国的陈氏最终取代了姜姓,成为齐国的君王。

从上面的故事可以看出,春秋时期的《周易》享有较高的信誉,要不是如此,陈侯就不会请周史用《周易》占卜。不仅如此,周史的预言还被应验了,这又说明到战国时代(《左传》撰于战国时代),《周易》在人们心中仍是一部很值得信赖的卜筮书。最值得研究的是周史的解卦方法。他主要依靠的是卦象,并依据变爻推测出发展趋势。周史用卦象解读观卦六四爻辞，想必是因为当时很多人都认可卦爻辞与卦象的密切联系。为进一步说明，我们还可以看一些筮例：

初，毕万筮仕于晋，遇屯之比。辛廖占之，曰："吉。屯固，比入，吉孰大焉？其必蕃昌。震为土，车从马，足居之，兄长之，母覆之，众归之，六体不易，合而能固，安而能杀，公侯之卦也。公侯之子孙，必复其始。"

在这个筮例中，遇到的是屯卦。屯卦初九爻变，就成比卦，所以说是"遇屯之比"。屯是聚集，所以说"屯固"。比是亲比，所以说是比入。"震为土，车从马"，这是说屯卦的下卦震卦因初九爻变，成为坤卦，有土象。震有车象，屯卦初九爻变后，下卦就从震变成了坤，坤有马象，所以又说"车从马"。"足居之"当指初九爻爻位卑下象足。"兄长之"，是指震为长子，故为兄。"母覆之"，是说坤为母。"众归之"，是以坎为众，坎行于坤土之上，所以说"众归之"。"六体不易，合而能固，安而能杀"是说屯卦。屯卦卦辞云："元亨，利贞，勿用有攸往，利建侯。"其中有"利建侯"，所说是"公侯之卦也"。"公侯之子孙，必复其始"，也是从"利建侯"引申出来的。由这个例子看，卦象的分析仍然是重点。

成季之将生也，桓公使卜楚丘之父卜之……又筮之，遇大有之乾，曰："同复于父，敬如君所。"及生，有文在其手曰"友"，遂以命之。

大有卦乾下离上,六五爻变,则成乾卦。"同复于父,敬如君所","同"字一指离卦为中女卦,变为乾卦,是为父;二指阴爻六五变为阳爻九五,阴以阳为父。合而言之则是"同复于父"。又乾为君,阳为君,阴为臣,所以说"敬如君所"。也有可能是因为大有和乾卦中,内卦都是乾卦,乾为父,为君,所以说"同复于父,敬如君所"。要之离为中女,乾为父,卦象分析始终是预测吉凶的重要手段。

在《左传》中,有一些筮例所用繇辞与通行本《周易》略有不同,比如下面一例:

卜徒父筮之,吉:"涉河,侯车败。"诘之。对曰:"乃大吉也。三败,必获晋君。其卦遇蛊,曰:'千乘三去,三去之余,获其雄狐。'夫狐蛊,必其君也。蛊之贞,风也;其悔,山也。岁云秋矣,我落其实,而取其材,所以克也。实落、材亡,不败,何待?"

这个例子中,占得蛊卦,说的繇辞"千乘三去,三去之余,获其雄狐"并不见于通行本《周易》,可能出自另一种卜筮书。蛊卦,巽下艮上,"蛊之贞"就是说蛊卦的内卦,"风也",是说内卦巽有风象。外卦是悔,艮有山象,所以说"悔,山也。""岁云秋矣,我落其实",由于当时是秋天,秋天果实成熟,风吹则落。这个例子是《左传》中少数几例不用《周易》筮法的,说明当时用的筮法不止有《周易》。以下一例要复杂一点:

初,晋献公筮嫁伯姬于秦,遇归妹之睽。史苏占之,曰:"不吉。其繇曰：'士刲羊，亦无衁也；女承筐，亦无贶也。西邻责言，不可偿也。归妹之睽，犹无相也。'震之离，亦离之震，'为雷为火，为嬴败姬。车说其輹，火焚其旗，不利行师，败于宗丘。归妹睽孤，寇张之弧。侄其从姑，六年其逋，逃归其国，而弃其家，明年其死于高梁之虚。'"

晋献公要将伯姬嫁到秦国，决定前先行占卜，遇归妹卦，这本是非常吉利的。但是，归妹卦中有动爻，遂变为睽。归妹卦兑下震上，睽卦兑下离上，归妹卦上六变为上九，则成睽卦。史苏引用的"士刲羊，亦无衁也；女承筐，亦无贶也"与归妹卦上六爻爻辞相似："女承筐，无实。士刲羊，无血。无攸利。"不同的是，史苏引的爻辞是有韵的，而《周易》中的爻辞是没有韵的。另外，还多出"西邻责言，不可偿也"两句。"震之离，亦离之震"是说归妹上卦震变为睽卦上卦离，"为雷为火，为嬴败姬"，嬴指秦国，姬指晋国，离在兑之上，兑为女，所以说"为嬴败姬"。"车说其輹，火焚其旗，不利行师，败于宗丘"，似乎是繇辞。"寇张之弧"似乎出自睽卦上爻："睽孤，见豕负涂，载鬼一车，先张之弧，后说之弧，匪寇婚媾，往遇雨则吉。"从这一例看，春秋时期的《周易》恐怕不止一种写本，各写本之间是有一些异文的。

秦伯师于河上，将纳王。狐偃言于晋侯曰："求诸侯，莫如勤王。诸侯信之，且大义也。继文之业，而信宣于诸侯，今为可矣。"使卜偃卜之，曰："吉。遇黄帝战于阪泉之兆。"公曰："吾不堪也。"对曰："周礼未改，今之王，古之帝也。"公曰："筮之！"筮之，遇大有之睽，曰："吉。遇'公用享于天子'之卦。战克而王飨，吉孰大焉？且是卦也，天为泽以当日，天子降心以逆公，不亦可乎？大有去睽而复，亦其所也。"

这是古籍中所见的卜筮并用。晋文公先是用龟甲占卜，结果说是"吉"，且卜偃说"遇黄帝战于阪泉之兆"。但晋文公觉得自己不能与黄帝相比，故要求用筮法卜问。得卦大有变为睽。大有乾下离上，睽兑下离上，大有九三变六三，则成睽卦。"公用享于天子"是大有卦的九三爻辞。"天为泽以当日"，是说乾卦变为兑卦，并与离卦组合在一起。"天子降心以逆公"，是以乾为天子，以乾卦变动，为"降心"。

从以上几例可以看出，《左传》中的筮例有用《周易》的，也有不用《周易》的。筮问的事情有婚姻，有战争，也有事关个人命运的出行、抉择。以上几例都是史官筮问，然后史官解卦。在《左传》中，还有一般贵族解卦的例子。

齐棠公之妻，东郭偃之姊也。东郭偃臣崔武子。棠公死，偃御武子以吊焉。见棠姜而美之，使偃取之。偃曰："男女辨姓，今君出自丁，臣出自桓，不可。"武子筮之，遇困之大过。史皆曰"吉"。示陈文子，文子曰："夫从风，风陨妻，不可娶也。且其繇曰：'困于石，据于蒺藜，入于其宫，不见其妻，凶。'困于石，往不济也，据于蒺藜，所恃伤也，入于其宫，不见其妻，凶，无所归也。"崔子曰："嫠也，何害？先夫当之矣。"遂取之。

这是一个非常有趣的例子，足可看出卦象具有极大的解释空间。表面上看是人在解卦，揣测天意，实质却是人们利用筮法来表达自己的思想。崔武子见到寡妇美艳，于是想娶她。寡妇的兄弟东郭偃以两家出自同族而推辞，然后崔武子试图通过筮法来施压。职掌筮法的史官揣测崔武子之意，顺水推舟，说是"吉"。但陈文子却有不同意见。这位陈文子就是前面提到的，陈厉公之子敬仲的后人，其人正直，被孔子评为"清矣"（《论语·公冶长》）。起卦的结果是"遇困之大过"，困卦坎下兑上，其卦六三变为九三，即下卦坎变为巽，则成大过卦。困卦中，坎为男，兑为女，陈文子所说"夫""妻"分别指坎、兑两卦。坎变为巽，所以说"夫从风"。在大过卦中，巽为风，上卦为兑，即妻，且卦名为"大过"，所以说"风陨妻"。所引繇辞为困卦六三爻，因此爻变，则困为大过，所以用此繇辞。繇辞中有"入于其宫，不见其妻"，此两句对娶妻之事来说，是非常不吉利的，所以陈文子认为不吉利。但崔子色迷心窍，说前夫已经当过此祸，现在他娶则无妨。在这个事件中，崔武子对卜筮的态度可谓"前恭后倨"，只是视卜筮为工具。至于史官，虽然是职责所在，但也曲意奉承。史官的这种态度在下例中同样有体现：

穆姜薨于东宫，始往而筮之，遇艮之八，史曰："是谓艮之随，随其出也，君必速出。"姜曰："亡，是于《周易》曰'随，元亨利贞'，答，元，体之长也，亨，嘉之会也，利，义之和也，贞，事之干也，体仁足以长人，嘉德足以合礼，利物足以和义，贞固足以干事，然故不可诬也，是以虽随无咎，今我妇人而与于乱，固在下位,而有不仁,不可谓元,不靖国家,不可谓亨,作而害身,不可谓利,弃位而姣,不可谓贞,有四德者,随而无咎,我皆无之,岂随也哉,我则取恶,能无咎乎,必死于此,弗得出矣。"

穆姜是鲁宣公夫人,鲁成公的母亲,与鲁国三大家族之一叔孙氏的宣伯通奸。宣伯为了与另外两个大家族季孙氏、孟孙氏争权,便唆使穆姜在鲁成公面前进言,甚至加以威胁,要求驱逐季孙氏和孟孙氏。但鲁成公并未听信,且当时战事吃紧,只能搁置。宣伯并不死心,又到霸主晋国的大臣那里说季孙氏、孟孙氏两人对晋国不忠,致使季孙氏被扣押在晋国,后来鲁国派人调和才回到鲁国。季孙氏回到鲁国之后,以鲁成公名义将穆姜赶到东宫,软禁了起来。后来,穆姜死于东宫。上引筮例是襄公九年(公元前564年)述穆姜去世时,倒叙当初被赶到东宫时的情况。

当时鲁国的形势是非常清楚的,鲁成公并无实权,且这个儿子也未必听母亲的话。季孙氏、孟孙氏手握重权,在将宣伯逐出鲁国后,更是权势炽烈。在这种情况下,与季孙氏、孟孙氏作对的穆姜被软禁到东宫,当然是凶多吉少的。不过,史官可能是想安慰穆姜,或者另有所图,所以说:"是谓艮之随,随其出也,君必速出。"随卦震下兑上,震有动象,兑为悦,卦名为随,所以说"随其出也,君必速出"。但穆姜并不这样认为,在分析了一通"元亨,利贞"之后,说自己无"四德",身为妇人,没有守住自己的本分,不仅与人通奸,而且参与政变,影响国家稳定,是不可能善终的。穆姜的看法显然是"心理暗示"的结果,由于对自身命运的悲观,故而在卦象中得到线索。

穆姜和陈文子并非史官,但二人对《周易》却非常熟悉,甚而有胜出史官的地方。在北方的晋国,同样有对《周易》极其熟悉的贵族。

公子亲筮之,曰:"尚有晋国。"得贞屯悔豫,皆八也。筮史占之,皆曰:"不吉。闭而不通,爻无为也。"司空季子曰:"吉。是在《周易》,皆利建侯。不有晋国,以辅王室,安能建侯?我命筮曰'尚有晋国',筮告我曰'利建侯',得国之务也,吉孰大焉!震,车也。坎,水也。坤,土也。屯,厚也。豫,乐也。车班外内,顺以训之,泉原以资之,土厚而乐其实。不有晋国,何以当之?震,雷也,车也。坎,劳也,水也,众也。主雷与车,而尚水与众。车有震,武也。众而顺,文也。文武具,厚之至也,故曰屯。其繇曰:'元,亨,利贞,勿用,有攸往,利建侯。'主震雷,长也,故曰元。众而顺,嘉也,故曰亨。内有震雷,故曰利贞。车上水下,必伯。小事不济,壅也。故曰'勿用,有攸往'。一夫之行也,众顺而有武威,故曰'利建侯'。坤,母也。震,长男也。母老子强,故曰豫。其繇曰:'利建侯行师。'居乐出威之谓也。是二者,得国之卦也。"

公子重耳在诸侯之间逡巡多年,跟随的臣子多有厌倦之心。在回晋国前,重耳亲自卜筮,说希望能入主晋国,得到"贞屯悔豫,皆八也"的结果。对于这两句话的解释至今有争议,很多学者认为不是用《周易》占卜。史官对此的判断是:"不吉。闭而不通,爻无为也。"后两句同样不好解释。不过,司空季子并不认同史官的分析,他认为若用《周易》解释的话,应该是"吉"的。他又引用屯、豫两卦的繇辞,两卦的卦象,确证自己的判断是正确的。虽然司空季子并非职掌卜筮的史官,但他对《周易》却极其熟悉,丝毫不比史官逊色。这说明《周易》在春秋时期已经广泛流传,普通的贵族也能够读到这本书,甚至能够精辟地分析卦象。

以上筮例说明,对卦象的分析是春秋时期筮法的重要内容之一。不过,关于此种方法的起源,目前还很难分析。《左传》中记载的另一则故事,对这个问题的思考应有一定帮助:

二年,春,晋侯使韩宣子来聘,且告为政,而来见礼也,观书于大史氏,见《易象》与《鲁春秋》,曰:"周礼尽在鲁矣,吾乃今知周公之德,与周之所以王也。"

其中的《易象》和《鲁春秋》是两部古佚书,其内容不得而知。仅从书名看,《易象》可能是一部讲卦象的书,《鲁春秋》应是鲁国的一部历史书。韩宣子看到这两部书后很惊讶,并说两书中有"周公之德"云云。依此看,卦象似乎起于西周初年(公元前1046年前后)。在通行本《周易》中,似乎可以找到例证。需卦乾下坎上,坎为水,亦可为雨;乾为天,是需卦卦象是天上有雨。而"需"字字形是"而"字上一个"雨"字。在西周初年的青铜器铭文中,"而"字与"天"字几乎不分。因此,"需"这个字形反映出需卦在卦象方面的特征。在西周初年能创造出卦象、卦名的,很有可能是周公。

六、由象入义，化为经典

在卜筮的时候，卦象是人们演绎推理、最终判断吉凶的主要工具。通过无数次的演绎推理，卦象的解释空间得到充分利用。在思想家的眼里，卦象不仅可以推断出吉凶，更寓含有深刻的哲理。

在《周易》的"十翼"中，有《象传》和《彖传》，二者都重视运用卦象阐发哲理。比如《乾·大象》说："天行健，君子以自强不息。"所谓"天行健"，其实是从乾有天象引申出来的。借助这种引申思路，《大象传》将很多卦象都阐释为君子修身治国的原则：

《坤·大象》：地势坤，君子以厚德载物。

《屯·大象》：云雷屯，君子以经纶。

《蒙·大象》：山下出泉，蒙。君子以果行育德。

《需·大象》：云上于天，需。君子以饮食宴乐。

《讼·大象》：天与水违行，讼。君子以作事谋始。

《师·大象》：地中有水，师。君子以容民畜众。

《比·大象》：地上有水，比。先王以建万国，亲诸侯。

《小畜·大象》：风行天上，小畜。君子以懿文德。

《履·大象》：上天下泽，履。君子以辨上下，定民志。

《泰·大象》：天地交，泰。后以财成天地之道。辅相天地之宜，以左右民。

《否·大象》：天地不交，否。君子以俭德辟难，不可荣以禄。

由于坤卦可象地，所以《大象传》说"地势坤"。大地承载万物，君子仿此，则宜以"厚德载物"。屯卦震下坎上，震为雷，坎为云，所以说"云雷，屯"。屯就是积聚的意思，君子治理国家大事，就需有积小成多、聚水成河的风格。蒙卦坎下艮上，坎为泉水，艮为山，所以说"山下出泉"。山下有泉，势必流之广远，君子修德，亦必付诸实践，所以说"君子以果行育德"。《大象传》在解释其他卦时，都是依此思路，最终落脚点在于君子修身治国。通过如此阐发，《周易》卦象遂超出卜筮的范围，如同虫蛹化为美丽的彩蛾，竟然成了一部哲学书。

而"十翼"无不如此解释《周易》，比如《彖传》：

《乾·彖传》：大哉乾元，万物资始，乃统天。云行雨施，品物流形。大明终始，六位时成。时乘六龙以御天。乾道变化，各正性命。保合大和，乃利贞。首出庶物，万国咸宁。

《坤·彖传》：至哉坤元，万物资生，乃顺承天。坤厚载物，德合无疆。含弘光大，品物咸亨。"牝马地类"，行地无疆。"柔顺利贞"，君子攸行。"先迷失道"，后顺得常。"西南得朋"，乃与类行。"东北丧朋"，乃终有庆。"安贞之吉"，应地无疆。

《蒙·彖传》：蒙，山下有险，险而止，蒙。"蒙：亨"，以亨行，时中也。"匪我求童蒙，童蒙求我"，志应也。"初筮告"，以刚中也。"再三渎，渎则不告"。渎，蒙也。蒙以养正，圣功也。

所谓"大哉乾元""至哉坤元",其实是将乾、坤视作天、地,天地养育万物,所以视之为万物之源始。"六位时成",是就乾卦有六爻,各爻位置不同,可象征不同的"时"。"时乘六龙以御天",是因诸爻辞屡次提到"龙",且"龙"为刚健之物。这里两次出现"时",都是从爻象引发出来的。在乾卦中,龙之状态因爻位不同而发生变化,这就是"时"。可以将"时"理解为时机、机遇,它是先秦儒家最为看重的一个概念。后面的"乾道变化,各正性命"等,则纯是哲理阐发,与卦象已经没有多大关系。由于乾卦比较特殊,且卦辞只有"元亨,利贞"两句,故此在解释时略有不同。从坤卦开始,《彖传》的解释方式就基本没有多大变化。

在解释坤卦时,《彖传》还解释了它的卦辞,同样紧扣卦象。"牝马"就是母马,是阴属,与地同类,所以说"牝马地类"。"柔顺"是说坤卦由六条阴爻组成,卦辞中有"利贞",所以说是"柔顺利贞"。《彖传》认为柔顺应是君子学习的内容,所以说"君子攸行"。"后顺得常",这是承接"先迷失道"而说出来的,这种解经方法是从经文的反向角度出发。"西南得朋",是说往西南方向可遇见同类。"东北丧朋",是说往东北则失去同类。不过,《彖传》说"乃终有庆",这则是从卦辞的整体情况出发,并非在解释"东北丧朋"。"安贞之吉"是解释"安贞吉"一句,并说原因是"应地无疆",仍是就坤卦阴爻而作出的发挥。

解释蒙卦时,所用象数条例则有变化,在卦象之外还有爻象。"山下有险"是释卦象,坎下艮上,所以说"山下有险"。"时中也",合乎时宜的意思,这是指九二爻与六五爻相应。"志应也",

字面意思是说"童蒙"与"我",从爻象上看,是指九二与六五相应。"以刚中",是说九二爻。"蒙以养正",则是就蒙卦之"蒙"字释义,与卦象、爻象均无关系。

八经卦的基本卦象

经卦	卦象
乾	天、健
坤	地、顺
坎	水、陷
离	火、丽
震	雷、动
艮	山、止
巽	风、入
兑	泽、说

通过《象传》和《彖传》的解释,卦爻辞就不再是简单的卜筮书,它们的涵义丰富了很多。而到《系辞》,更从宏观的角度阐释《周易》,使它成为一部哲学书。《系辞》所依赖的,仍然是"象":卦象和爻象。比如下面一段:

天尊地卑,乾坤定矣;卑高以陈,贵贱位矣;动静有常,刚柔断矣;方以类聚,物以群分,吉凶生矣;在天成象,在地成形,变化见矣。是故刚柔相摩,八卦相荡,鼓之以雷霆,润之以风雨。

日月运行,一寒一暑。乾道成男,坤道成女。乾知大始,坤作成物。乾以易知,坤以简能;易则易知,简则易从;易知则有亲,易从则有功;有亲则可久,有功则可大;可久则贤人之德,可大则贤人之业。易简而天下之理得矣,天下之理得而成位乎其中矣。

上述文字完全基于"象"展开论述:一卦有六爻,爻分阴阳,阴阳各有其位,位各有象,从卦由爻组成这个角度看,每个卦都包含了阴、阳之变,而阴阳之变又是宇宙和自然的根本原则。每个别卦均有上、下之卦,虽然上、下卦只有八个(即八经卦),但八经卦可象征天、地、雷、风、水、火、山、泽,天地承载养育万物,雷与风相互鼓荡,促成季节之变换。水为至阴,火为至阳。山者至高,泽者至卑。这八卦两两重叠在一起,可以演绎出无穷的变化,足以对应万千世界。"乾坤定矣",是说别卦中的卦有上下之分,卦中的阴阳爻有高低之分。"贵贱位矣",是说卦之分上、下卦,阴阳之有上、下不同,这其实是人之有贵贱在卦象中的反映。"刚柔断矣","刚柔"就是阴阳,阴阳与动静相应,所以说"动静有常,刚柔断矣"。"方以类聚,物以群分",是说世间事物总处在相互联系、相互碰撞的过程中,八卦亦是如此,它们相互组合,上下互易,演绎吉凶。"在天成象,在地成形,变化见矣",这是强调外部世界虽然复杂纷繁,但终究是可以认识的。天有日月星辰,可以呈现天体之变化。地有草木虫鱼,四季变更,可以呈现生物之变化。这些变化都是可见的,可以探知的。"是故刚柔相摩,八卦相荡,鼓之以雷霆,润之以风雨",是说重卦中有阴、阳,有八卦。而"雷霆""风雨",不过是举例而已。"日月运行,一寒一暑",以日月运行造就寒暑为例,说明阴阳造就四季、自然。重卦就由阴阳之爻组成,因此可以模拟四季寒暑。至于人类社会,也是同样思路。乾者刚健,是为男道。坤者柔顺,是为女道。乾为阳,是"万物之资始",所以说"乾知大始"。坤为阴,是"万物之资生",所以说是"坤作成物"。这两句话源自《彖传》。简就是易,易即是简,所谓"乾以易知,坤以简能",实际用了互文修辞,是说乾、坤以简易之形式模拟复杂世界。简易比之复杂,更容易令人知晓,易为人知则易为人亲从。人之有亲有从,自然可以久远、盛大,这正是圣人孜孜以求的境界。最后,用"易简而天下之理得矣,天下之理得而成位乎其中矣"做结,告诉读者《周易》虽简易,但包孕了"天下之理"。《周易》何以可以包孕"天下之理"?以"位"而已。所谓"位",就是卦有上、下,阴阳爻有上、下。

正是由于"象"的重要性,《系辞》便不惜笔墨加以强调:

> 圣人设卦观象,系辞焉而明吉凶,刚柔相推而生变化。是故吉凶者,失得之象也;悔吝者,忧虞之象也;变化者,进退之象也;刚柔者,昼夜之象也;六爻之动,三极之道也;是故君子所居而安者,《易》之序也;所乐而玩者,爻之辞也。是故君子居则观其象而玩其辞,动则观其变而玩其占,是以自天祐之,吉无不利。

以此看,卦是观象的工具,繇辞是用来阐明吉凶的,阴阳是用来彰显变化的。为了说明繇辞与"象"的关系,《系辞》还举了几个例子。所谓"吉凶",其实是得失之象。所谓"悔""吝",其实是忧虞之象。阴阳爻之位置变化,其实是人之进退。阴阳者,不过是昼夜之象。六爻的变化,其实是天、地、人之道。按照这个逻辑,《周易》是无所不包的。《周易》之所以能做到此点,是因其有卦、爻、辞的系统:

> 彖者,言乎象者也;爻者,言乎变者也;吉凶者,言乎其失得也;悔吝者,言乎其小疵也;无咎者,善补过也。是故列贵贱者存乎位,齐小大者存乎卦,辨吉凶者存乎辞,忧悔吝者存乎介,震无咎者存乎悔。是故卦有小大,辞有险易。辞也者,各指其所之。

上文中的"彖"是指卦爻辞,《系辞》认为卦爻辞是用来阐明"象"的,换而言之,卦爻辞皆以"象"为根据。至于"爻",则体现的是变化。其他如"吉凶""悔吝""无咎",其实都有一定的象征意义。这段话注重的是卦爻辞与"象"之间的密切关系,这是整篇《系辞》的重点之一。

经"十翼"阐述之后,《易经》不再是一部卜筮书,而是一部富含义理的哲学书,使《易经》走上了经典化的道路。在转变之初,人们对《易经》这部书仍有一些争议,比如马王堆帛书《要》篇记载子贡质疑孔子读《易经》。按这个故事的记载,晚年孔子读《易》研《易》,用功甚勤,达到"居则在席,行则在囊"的地步。这令众弟子感到疑惑,如是便有子贡与孔子的对话。子贡问老师,您以前教我勤于修德,不要亲近卜筮。为何老师到了晚年却如此痴迷这部卜筮之书?孔子的主要理由是:"尚书多於矣,《周易》未失也,且有古之遗言焉。予非安其用也。"大概意思是说上古的书多有缺佚,而《周易》则保留得挺好,且其中有上古圣人之遗言,我看《易经》不是要卜筮。最为有趣的是,孔子还将自己与其他学《易》用《易》的人作了对比:

子曰:《易》,我后其祝卜矣!我观其德义耳也。幽赞而达乎数,明数而达乎德,又仁者而义行之耳。赞而不达于数,则其为之巫。数而不达于德,则其为之史。史巫之筮,乡之而未也,好之而非也。后世之士疑丘者,或以《易》乎?吾求其德而已,吾与史巫同涂而殊归者也。君子德行焉求福,故祭祀而寡也;仁义焉求吉,故卜筮而希也。祝巫卜筮其后乎?

孔子自认读《易》是"观其德义",虽然"后其祝卜",但与他们的目标是不同的。然后孔子又说到巫、史与自己的不同。"赞而不达于数"是巫,"赞"是乞求于神明,"数"是指数字之理、数字之象。巫对神明穷其恭敬,但对"数"却不甚精通。史则异是,他们对数理、象数极其精通。不过,史不能由数而达于道德。史、巫之于《易》的态度,都是孔子所不取的。孔子觉得自己学《易》是求德,与史、巫同途而殊归。这番话是否出自孔子之口现在已经难以考证,也不再是问题的关键。对《易经》这部书的命运而言,这番话的含义才是最重要的。从这番话可以推知,战国时代的人确实将《易经》视为卜筮之书,而儒家也确实是从哲学层面解读《易经》。据《论语》等书的记载,孔子晚年应该研读过《周易》。在《史记》等书中,更说孔子编撰了"十翼"。帛书《要》篇再次确认了孔子研《易》的历史事实,而且更详细地呈现了孔子的易学思想。

帛书《要》篇不仅记载了孔子对自己《易》学思想的高度概括,还通过解读损、益两个卦象,展现出他解读《易经》的方法和逻辑:

> 孔子繇《易》至于损益一卦,未尚不废书而叹,戒门弟子曰:二三子,夫损益之道,不可不审察也。吉凶之[门]也。益之为卦也,春以授夏之时也,万物之所出也,长日之所至也,产之室也,故曰益。损者,秋以授冬之时也,万物之所老衰也,长夜之所至也。故曰[损]。产道穷焉而产道产焉。益之始也吉,其终也凶;损之始凶,其终也吉。损益之道,足以观天地之变而君者之事已。是以察于损益之变者,不可动以忧憙。

在解释损、益两卦时,孔子将它们与季节相联系,换而言之,孔子将损、益两卦与天地之损益相关联。从春到夏,无论白昼,还是生物生长,都处在增益的轨道上,当然与"益"相类。从秋到冬,无论白昼时间,还是生物生长,都处在减损的轨道上,当然与"损"相类。通过这种类比,自然可以从损、益之卦过渡到"天地之变",使卜筮之《易经》瞬间被提升到足以阐述天地之变的高度。由于君王之道系于天地之道,所以孔子说《易》"足以观天地之变而君者之事已"。

故明君不时不宿，不日不月，不卜不筮，而知吉与凶，顺于天地之心，此谓《易》道。故《易》有天道焉，而不可以日月生辰尽称也，故为之以阴阳；有地道焉，不可以水火金土木尽称也，故律之以柔刚；有人道焉，不可以父子君臣夫妇先后尽称也，故要之以上下；有四时之变焉，不可以万物尽称也，故为之以八卦。故《易》之为书也，一类不足以极之，变以备其情者也，故谓之《易》。有君道焉，五官六府不足尽称之，五正之事不足以产之，而《诗》《书》《礼》《乐》不□百扁，难以致之。不问于古法，不可顺以辞令，不可求以志善。能者繇一求之，所谓得一而群毕者，此之谓也。损益之道，足以观得失矣。

在阐明《易》包容"天地之变""君者之事"后，孔子又指出"易道"：培育顺于天地之变的明君圣主。一部《易经》何以能承担如此重担呢？孔子从《易经》之构架入手，作了言简意赅的说明。《易经》有六十四别卦，每卦均由阴阳爻组成，而阴、阳之运动变化正可穷尽日月星辰之运转不息。阴阳即柔刚，地道之变也是阴阳所能囊括的。别卦中有上、下卦，六爻的位置关系也有上、下，此上、下正可概括人类社会的君臣夫妇兄弟之道。天地之间有四时节令之变，八卦正可与之对应。《易经》一书的精华正是以"变易"之道操作"简易"之象穷尽世间万物之变。不仅如此，《易经》与《诗》《书》《礼》《乐》相比，更有其独特优势。诸书篇帙浩翰，一般人难以精读，而《易经》则以简易之象分尽万千之变，以简驭繁，容易被人精读、掌握。

在这一段中，孔子并没有谈到"象"，只是在损、益两卦的卦名上作文章,这就表现出帛书解《易》与《系辞》等"十翼"存在着明显的不同。不过,无论是在"十翼"中,还是在帛书"易传"诸篇中,《易经》不再是一部仅能用于预测的卜筮书,它同时还饱含修身治国之道。

第三编

奇幻梦境
卜以问之

无论美梦,还是恶梦,都可能令人叹为神奇。梦中出现的人或事,有时竟会在现实中重现,这更令人兴致盎然。也许正因为梦境时或先于现实,所以古人试图解析梦境,从中探知未来。

> 梦境

从甲骨卜辞看，殷商时期人们就经常卜梦。在《尚书》等经典文献的记载中，还有关于梦境的更奇妙的记载，比如清华大学藏战国竹简《说命》中，武丁在梦中见到一个叫傅说的人，说此人可以帮助他治理天下，武丁梦醒后派人去寻找，并真的找到了这个人。在《逸周书·程寤》的记载中，周文王妻子作梦，梦见商人的朝廷上荆棘丛生。后来的事实证明，这个梦完全是正确的。

> 正月，文王自商至程，太姒梦见商庭生棘，太子发取周庭之梓，树之于阙间，梓化为松、柏、柞、械。觉而惊，以告文王，文王不敢占，召太子发命祝以币告于宗庙群神，然后占之于明堂，及发并拜吉梦，遂作《程寤》。

在《左传·僖公二十八年》中，记有更多占梦的事迹，比如下面一例：

> 晋侯梦与楚子搏，楚子伏己而盬其脑，是以惧，子犯曰："吉，我得天，楚伏其罪。吾且柔之矣。"

晋文公在与楚国开战前做梦，梦中他与楚王搏斗，楚王俯在他身上，并要吃他。晋文公被恶梦惊醒，大为惊恐。晋国子犯认为这个梦是吉利的，因为晋文公在梦中是仰面朝天的，所以释之"我得天"；楚王是趴伏在地的，所以是"楚伏其罪"。不仅如此，子犯还建议"吾且柔之矣"。在后来的战争中，晋文公念及楚王曾礼遇他,因此退避三舍。纵是如此,楚国还是在战争中败北。事实与子犯释梦预测的结果完全相符。在这个故事中,子犯通过梦中人物的姿势作出预言,看起来似是而非,不过终究得到了证实。《左传·僖公二十八年》还记载了另一个梦卜的故事:

初,楚子玉自为琼弁玉缨,未之服也,先战,梦河神谓己曰,畀余,余赐女孟诸之麋,弗致也。大心与子西,使荣黄谏,弗听,荣季曰,死而利国,犹或为之,况琼玉乎,是粪土也,而可以济师,将何爱焉,弗听,出告二子曰,非神败令尹,令尹其不勤民,实自败也。

子玉自己制作了"琼弁玉缨",还没有穿上就投身战场。战前,子玉梦见河神对他说,将琼弁玉缨给我,我就赐你"孟诸之麋"。子玉大概以为不过是梦境而已,所以没有将琼弁玉缨给河神。"大心"是子玉的儿子,他与子西听说梦境后,就劝子玉将琼弁玉缨献祭给河神,并要荣黄到子玉那里进谏,但子玉执意不听。荣季遭拒之后,说了一段预言,说不是神要令尹失败,而是令尹自求其败。令尹就是子玉。从这个故事可以看出,当时的人对于梦境有信的,也有不信的。《左传·宣公三年》记载这样的故事,应是试图告诉读者,神灵的索求不能违抗。梦境与国运、个人命运息息相关,下面这个故事更将梦境贯穿个人生死之始终:

冬，郑穆公卒。初，郑文公有贱妾，曰燕姞，梦天使与己兰，曰："余为伯鯈，余而祖也，以是为而子。"以兰有国香，人服媚之如是。既而文公见之，与之兰而御之，辞曰："妾不才，幸而有子，将不信，敢征兰乎。"公曰："诺。"生穆公，名之曰兰。文公报郑子之妃，曰陈妫，生子华、子臧。子臧得罪而出，诱子华而杀之南里，使盗杀子臧于陈宋之间。又娶于江，生公子士。朝于楚，楚人酖之，及叶而死。又娶于苏，生子瑕、子俞弥，俞弥早卒。泄驾恶瑕，文公亦恶之，故不立也。公逐群公子，公子兰奔晋，从晋文公伐郑。石癸曰："吾闻姬姞耦，其子孙必蕃。姞，吉人也，后稷之元妃也。今公子兰，姞甥也，天或启之，必将为君，其后必蕃，先纳之，可以亢宠。"与孔将鉏、侯宣多纳之，盟于大宫而立之，以与晋平。穆公有疾，曰："兰死，吾其死乎，吾所以生也。"刈兰而卒。

郑穆公是郑文公的儿子，因母亲地位卑贱，本无继位的可能。不过，他的母亲被郑文公临幸之前梦见天使授其兰花，并说要以兰花为她的儿子。燕姞知道自己总有失宠的一天，当郑文公送她兰花时就求其允许以"兰"为孩子的名字。后来生下穆公，果然取名为"兰"。穆公虽然被逐，但在群公子离散死亡的情况下，他竟获晋国支持，最终继承郑国君位。郑穆公死前，说兰花死，我也死。使人割掉兰花，方才死去。

在《左传》一书中，共记载了26则梦卜的事迹，以梦预言人的命运、战争胜败的故事并不少见。从上述梦卜的事迹看，春秋时期的人们已经积累了很多分析梦境的经验，正因为如此，人们才有机会发现战国或秦朝时期的梦卜书籍。

2007年,湖南的岳麓书院入藏了一批珍贵的秦简,其中就有一种讲梦卜的书篇,此书篇后来被整理者命名为《占梦书》。由于这部书的篇幅不大,下文可以抄录下来,并略加解释,帮助读者了解中国古代的占梦典籍和文化。

若昼梦亟发,不得其日,以来为日;不得其时,以来为时;醉饱而梦雨、变气,不占。昼言而暮梦之,有□

所谓"昼梦"当指白天做梦。"不得其日"是说不知道日期,"不得其时"是说不知道具体的时间。这个日期和时间应该都指梦中之事发生的具体时间。"以来为日""以来为时"是说以来占卜的日期、时间为准。如果是在醉饱、下雨、"变气"的情况下做梦,则不可占卜。从这一段可以看出,发梦的日期和时间是占梦的关键线索之一。至于梦中之事是否有准确的时间,倒不是最重要的。在上引《左传》的占梦故事中,都没有记载具体的时间。

□□□□□□始□□之时,亟令梦先,春日发时,夏日阳,秋日闭,冬日藏。占梦之道,必顺四时而豫。

王符《潜夫论·梦列》有:"春梦发生,夏梦高明,秋冬梦热藏,此谓应时之梦也。"可见"春日发时"云云是说在不同的季节各有常见的梦,既是如此,自然有"占梦之道,必顺四时而豫"的说法。"豫",可能是"准备"的意思,这两句话是说占梦的要决是顺应时节。

其类,毋失四时之所宜,五分日、三分日夕,吉凶有节,善义有故。甲乙梦,开藏事也。丙丁梦,忧也

"其类"之前因竹简残汰而佚失。"五分日""三分日夕"是说在一天之中有五个时段,一夜之中有三个时段。在不同的时段里,梦的吉凶寓意是各不相同的。后面的"甲乙""丙丁"应该说的是时间,比如甲日、乙日、丙日、丁日。下文还有很多地方提到十天干,应该都是指日期。

戊己梦,语言也。庚辛梦,喜也。壬癸梦,生事也。甲乙梦伐木,吉。丙丁梦失火高阳,吉。戊己【梦】

在这条简上,叙述的是两种占梦的方式,一是以日期为占,一是将日期与梦的内容相结合。单以日期来说,戊己作梦将会遇口舌,庚辛作梦将会有喜事,壬癸作梦将会出现意外。"生事",意指发生事端,即意外。这一部分内容可与上文的"甲乙梦,开藏事也。丙丁梦,忧也"连读,是将天干分成五组作为占梦依据。若以日期结合梦境,同样可以占卜。甲、乙日梦见伐木,是吉。丙、丁梦见失火,居高而向阳,同样是吉。这里其实是与五行相结合的,因为甲、乙属木,丙、丁属火。

宫事,吉。庚辛梦□山铸(？)钟,吉。壬癸梦行川、为桥,吉。晦而梦三年至,夜半梦者二年而至,鸡鸣梦者……

这段文字也可与上一支简连读。戊、己为土,在中央,所以梦见"宫事"是吉的。宫者,室也,所谓"宫事"当指家务事。庚、辛是金,所以梦见钟是吉的。壬、癸为水,所以梦见过河有桥是吉的。"晦而梦"以下是分析梦境何时将实现,若是黄昏作梦,则是三年后实现;若是半夜作梦,则是两年后实现。

春梦飞登丘陵,缘木生长燔华,吉。

四季与五行相匹配的话,春天对应木。春季是万物生长之时,梦中飞临山峰,见树木生长,这是顺应季节的,所以是"吉"。

梦登高山及居大石上及见……

由于竹简残损,这段话的意思并不完整,大概是说梦见登上高山,或停在大石头上则寓意如何如何。

梦天雨□,岁大穰。

这是以梦境占卜耕种。穰,丰收。古代农业很大程度上依赖降雨,故此说梦见雨,则要丰收。

春夏梦亡上者,凶。梦亡下者,吉。

文中的"亡"当是死亡意,"上"当指地位高于做梦者的人,"下"是指地位低于做梦者的人。春夏季节梦见"上"死,是凶。若梦见"下"死,则是吉。春夏季节万物生长繁盛,生长有"向上"的含义,所以有"梦亡上者,凶。梦亡下者,吉"的说法。

【梦】见□云,有□□□□□乃弟。

由于字迹模糊,这两句话的意思不好懂。

□□叟尽操笠荫于木下,有资。春夏梦之,禺辱。梦歌于宫中,乃有内资。

整理者认为"尽"字可能是"昼"字的讹写。"资"可能通"齐",是丧服名。梦见人拿着斗笠在树下乘凉,将会遇到丧事。若是春夏季节梦见此情此景,则可能被侮辱。梦见在室内唱歌,则家庭内或有丧事。

梦歌带紾玄,有忧,不然有疾。

疑"带"读作"戴","紾"读作"袗","玄"是黑色。"梦歌带紾玄"是说在梦中穿着黑色的单衣唱歌。

第三编　奇幻梦境，卜以问之

□□□□将发，故忧未已，新忧又发，门、行为祟。夏梦之，禺辱。

"门""行"是指门、路之神灵。整理者引《礼记·祭法》："适士立二祭，曰门，曰行。"并引注："门、户，主出入。行，主道路行作。"《聘礼》："使者出，释币于行。归，释币于门。"夏天梦见，则将遇辱。遇辱当指在出行时的情况。

梦人为丈，劳心。

"丈"当假作"杖"。"梦为人丈"是说梦中为人制作木杖，此是操心助人之象，所以说"劳心"。

吏梦企匕上，其占□□

"企"，站立的意思；"匕"，指箭镞。小吏梦见自己站在箭镞之上。

梦夫妻相反负者，妻若夫必有死者。梦身被枯，妻若女必有死者，丈夫吉。

"梦夫妻相反负者"是说梦中夫妻二人背靠背地背负在一起。"若"当读作"或"，"妻若夫必有死者"是说妻子或丈夫必有一人去世。"被枯"是说半身不遂，梦见此事，则不是妻死就是女儿死,是丈夫梦见的话,却是吉利的。

梦歌于宫中,乃有内资。

按,此条是说梦见在室内歌唱,则家内有丧事。此两句简文重抄。

秋冬梦亡于上者,吉;亡于下者,凶。是谓□凶。

此节文字本应接续上引"春夏梦亡上者"部分。秋冬梦见"上者"死,吉。梦见"下者"死,则是凶。

梦一腊五变气,不占。

其中"腊"是指祭祀,"气"疑假作"饩",指用于祭祀的活的牲畜。"五变气"是说在祭祀中屡屡更换牲畜,梦见此种情形不占。

【梦】□产毛者,有□也。

由于竹简残断,文义难明。

梦燔其席蓐,入汤中,吉。梦繁露坠堕至手,系囚吉。

梦见烧席子被褥,且被扔入热水中,吉利。梦见露水掉到手上,如果是为被关押的囚犯占问,则是吉利的。

□□□者,□入寒秋。

文字残汰,意义难明。

梦见项者,有亲道远所来者。

整理者认为"项"字或读为"鸿"。在《诗经》中,鸿常用来引出思念远方之人的句子。文中说梦见鸿则有亲人远道而来,与《诗经》中的比喻相似。

【梦】市人出其腹,其中产子,男女食力傅死。梦见珠玉,为大寒。

"为大寒"与上文的"□入寒秋"可能相类似。整理者以为"市"释作"求","傅"释作"至",但文意仍然不好懂。

梦亡其钩带备缀好器,必去其所爱。

所谓"钩带""各缀""好器",都指服饰、饰品一类。梦见丢失这些东西,则暗示将会丢失珍爱的器具。

梦乘舟船,为远行。【梦见】汙渊,有明名来者。□□□□□为大寿。

由于船可助人渡河远行,所以说梦见乘船即暗示将有远行。"汙渊"指水沟、深渊一类,"明名"意为盛名。《易经》乾卦有爻辞"或跃于渊",是说龙的,这里的"明名来者"可能是据《易经》爻辞解梦。

梦以溺洒人,得其亡奴婢。梦以泣洒人,得其亡子。

这是说梦见小便洒在人身上,则逃亡的奴婢可以失而复得。梦见眼泪洒在人身上,则逃亡的男子会被捕获。

梦绳外劓为外忧,内劓为中忧。

整理者认为"劓"与"劓"同,断的意思。则"绳"当指墨斗,《荀子·劝学》有"木直中绳"。梦见墨斗外面的线断,有外事之忧。梦见墨斗内的线断掉,则有内事之忧。中、外,当是家庭来说。

女子而梦以其裙被邦门及游渡江河,其占大贵人。梦见□□□□□及市(?)□,乃有雨,冬以衣被邦门、市门、城门,贵人知邦端,贱人为笱,女子为邦巫。

上述简文中的两个梦境大体相同。女子梦见衣裙覆盖在城门上,或穿着渡江河,则将遇贵人。"邦端"的"端"当是因避秦始皇之讳的改字,本作"政"。若冬天梦见衣服覆盖在城门等处,则尊贵者将晋升,掌有更高权力;地位卑贱者也将有晋升,会掌管某个具体事务;女子梦见的话,则做梦的人可能成为一国之巫的首领。

梦伐鼓声,必长众有司,必知邦端。

梦见击鼓之声,则必为令长,掌政一方,甚至会掌理国政,意即仕途晋升。由于鼓声在战场等场合有号令的作用,所以梦见鼓声会有仕途顺利的寓意。

其兵卒,不占。

此简上端残损,文意不明。

梦□入井沟中及没渊,居室而毋户,封死,大吉。梦见虎豹者,见贵人。

梦见人跌入水沟、水井、深渊,或居住在没有门的房子内,且被封闭,则大吉。这可能与古人认为水中有龙相关。虎、豹是可伤人者,但梦见此等猛禽,是有将见贵人的暗示。《易经》革卦有"大人虎变""君子豹变",梦见虎豹暗示见贵人,或许与《易经》有关。

梦衣新衣,乃伤于兵

之所以穿新衣服,或是在旧衣服破烂的情况下不得不新制,所以说梦见穿新衣服会被兵器伤害。

梦见饮酒,不出三日必有雨。

由于酒中含有大量水,所以说梦见饮酒意味着将有雨。另外,《易经》需卦九五爻说"需于酒食,贞吉",而九五爻是上卦坎之中爻,坎有水象。未济上九爻辞是:"有孚于饮酒,无咎。濡其首,有孚失是。"濡,沾湿。此两爻均以酒与水相联系,可见在古人心目中,酒与水是很相近的。梦中饮酒被看作将要下雨的征兆,也许与这种认识相关。

梦见羊者,伤欲食。梦见豕者,明欲食。【梦】见犬者,行欲食。梦见汲者,疧、租欲食。【梦见】□□,大父欲食。梦见贵人者,遂欲食。【梦】见马者,父欲食。

整理者认为"伤"读作"殇","明"读作"盟","租"读作"诅",它们与"行""疧""大父""父"都是鬼神名。"食",祭献。简文是说梦见羊、狗、猪、汲水者等分别寓示"殇"等鬼神需要祭祀。

□□□中有五□为
不占

以上两枚简都有残损。

梦有夬去鱼身者,乃有内资。

文中"鱼"当依整埋者意见,读作"吾"。"夬",当指玉器玦。玦有与人决断、分别之意,所以梦见有玦丢弃的话,则暗示家内将有丧事。

梦为女子,必有失也,女子凶。

若男子梦见自己变为女子,暗示将有物件丢失,家中的女子将有凶。

梦见豪豚狐腥臊,在丈夫取妻,女子嫁。

梦见豪猪、猪、狐狸的腥臊味的话,男子将娶妻,女子则将嫁人。

梦□中产毛者,丈夫得资,女子得鬻。

按整理者的意思,"毛"是指五谷疏菜之类,从"丈夫得资"这句话看,整理者意见当可参考。不过,"产"字有生长之义,"产毛"也有可能是指动物生长出毛发。因一些动物的毛皮可用于交易,所以有"丈夫得资"的联想。鬻,是古代的一种炊具。

梦蛇入人口,舌不出,丈夫为祝,女子为巫。

梦见蛇钻入人口,则男子将为祝,女子将为巫。"舌不出"的意思不好懂。

梦蛇则蠚薰赫之,有芮者。

同样是说梦见蛇等,"芮",整理者读为"退",似可从。

梦人谒门去者,有新祷未塞。梦见鸡鸣者,有祷未塞。

梦见有人拜见,又离去。"有新祷未塞"和"有祷又塞"的意思都不好理解。

梦身生草者,死沟渠中。

梦见身上长了草,则要死在沟渠中。人身上长草,必然是长期不动,即是死。沟渠中潮湿,容易长草,所以说"死沟渠中"。从这一类的占梦思维看,占梦仍然是以形象性的推理为主。

【梦】见其腹,见其肺肝肠胃者,必有亲去之。梦见肉,忧殇。

虽然竹简有残损,但从"见其肺肝肠胃者"推测,当指梦中见到死去的某种动物。后面的"梦见肉",也当指某种动物的肉,是承接前文叙述的。

梦薪大樵,乃大旱。

梦见有人砍柴,天将大旱。一般来说,所砍之柴当是干枯树枝,由干枯可联想到天旱。

梦引肠,必弟兄相去也。

《素问·人常政大论》:"大风迅至邪伤脾也。坚成之纪是谓收引。"王冰注:"引,敛也。"因此,所谓"引肠"是说梦见腹肠绞痛。《广雅·释亲》:"肠,详也。"又,肠有内心、情感等义,说梦见腹肠疼则兄弟相离,或许与"肠"的这些意义相关。

梦死者复起,更为棺椁。死者食,欲求衣裳。

梦见已逝者复活,重备棺材,这意味着逝者希望生人祭祀它,并奉献衣服。

梦见大反兵、黍粟，其占自当也。

这段话大概意思是说梦见寻人复仇，或黍粟等的话，来占问的人将承受梦中所见。

梦井洫者，出财。

洫，是沟渠。沟渠与井一样，内里都有流动之水，且井水会被汲走，沟渠里的水也会被排走，所以说梦见它们会"出财"，即今人所说的蚀财。

梦见五币，皆为苟忧。

这两句话的意思当依整理者的考释，是指梦见车马皮币等礼物的话，则会有狠虐、骚扰一类的事情发生。

梦见桃，为有苟忧。梦见李，为复故吏。梦见豆，不出三日嫁。梦见枣，得君子好言。

由于"桃"与"逃"谐音，所以说梦见桃将有忧难。"李"字可指狱官，所以说"为复故吏"。整理者引《太平御览》卷九六八："李为狱官。梦见李者，忧狱官。"可以参考。豆，即菽，见豆犹言见菽，而菽与叔谐音，所谓"不出三日嫁"或与此相关。在经典文献中，"枣"有早、早起之意，所谓"得君子好言"或与此相关。

梦见众羊,有行千里。

《周易》归妹卦上爻有"士刲羊"云云,可见刲羊或与古代婚礼相关,正因为此点,才说"梦见羊"则"有行"。整理者引《敦煌遗书·伯3908·新集周公解梦书·六畜禽兽章第十一》:"梦见羊者,主得好妻。"可以参考。"千里",其意不详。

梦见熊者,见官长。梦见虫者,魊君为祟。

整理者引《篇海类编·人物类·鬼部》:"魊,窃鬼。"

以上是岳麓秦简《占梦书》的全部内容。从这篇文献的抄写来看,有时是直行,有时是旁行,纵然分栏,并不全依一般分栏抄写那样旁行到底,可见这是一部有关占梦的杂抄文献,其内容来源应该是比较复杂的。从上文对《占梦书》中一些逻辑依据的分析看,此类书籍与民俗、礼俗有很大关系,常常会用谐音、相似等规律,将梦中内容与未来相关联。

在《汉书·艺文志》中,有两部占梦的书,它们是《黄帝长柳占梦》十一卷、《甘德长柳占梦》二十卷,现在都已经亡佚。在汉人王符的《潜夫论》中,有一篇《梦列》,是难得的古代占梦文献。

在《梦列》篇首,对梦有一个分类,并有详细解说:

凡梦·有直,有象,有精,有想,有人,有感,有时,有反,有病,有性。

在昔武王,邑姜方震太叔,梦帝谓己:"命尔子虞,而与之唐。"及生,手掌曰"虞",因以为名。成王灭唐,遂以封之。此谓直应之梦也。《诗》云:"惟熊惟罴,男子之祥。惟虺惟蛇,女子之祥。""众惟鱼矣,实惟丰年。旐惟旟矣,室家溱溱。"此谓象之梦也。孔子生于乱世,日思周公之德,夜即梦之。此谓意精之梦也。人有所思,即梦其到;有忧即梦其事。此谓记想之梦也。今事,贵人梦之即为祥,贱人梦之即为妖,君子梦之即为荣,小人梦之即为辱。此谓人位之梦也。晋文公于城濮之战,梦楚子伏己而盬其脑,是大恶也。及战,乃大胜。此谓极反之梦也。阴雨之梦,使人厌迷;阳旱之梦,使人乱离;大寒之梦,使人怨悲;大风之梦,使人飘飞。此谓感气之梦也。春梦发生,夏梦高明,秋冬梦热藏。此谓应时之梦也。阴病梦寒,阳病梦热,内病梦乱,外病梦发,百病之梦,或散或集。此谓气之梦也。人之情心,好恶不同,或以此吉,或以此凶。当各自察,常古所从。此谓性情之梦也。

虽然第二节的解说与第一节有不相对应的地方,但明显可以看出,第二节是对第一节的解说。这些解说的内容对理解岳麓书院秦简是颇有帮助的,比如引《诗》"惟熊惟罴,男子之祥",所谓"祥",即征兆。《占梦书》有"梦见熊者,见官长"或与之相关。从以上的分类可以看出,古人已经认识到梦与人的思维联系密切,所以才有"性情之梦""人位之梦"这样的分类。而"感气之梦""气之梦"的分类,则说明古人认识到梦与人体的感官认知、感受存在联系。"极反之梦"则说明,古人认识到梦境与现实终有距离,甚至有相反的时候。从这个角度

看,有时需要从反面解梦。在第三节中,王符对"占梦之大略"有简洁的解说:

故先有差式者,谓之精;昼有所思,夜梦其事,乍吉乍善,凶恶不信者,谓之想;贵贱贤愚,男女长少,谓之人;风雨寒暑谓之感;五行王相谓之时,阴极即吉,阳极即凶,谓之反;观其所疾,察其所梦,谓之病;心精好恶,于事验。谓之性:凡此十者,占梦之大略也。

对于梦与现实的关系,王符有清醒的认识:

而决吉凶者之类以多反,其故哉?岂人觉为阳,人寐为阴,阴阳之务相反故邪?此亦谓其不甚者尔。借如使梦吉事而己意大喜乐,发于心精,则真吉矣。梦凶事而己意大恐惧忧悲,发于心精,即真恶矣。所谓秋冬梦死伤也,吉者顺时也。虽然,财为大害尔,由弗若勿梦也。

王符认为,若梦见吉事,人心情大悦,则行事就有可能真是吉的。反之,若梦见凶事,心情恐惧,结果行事不利,则真凶矣。而对于占梦之大体情况,王符也有较为客观理智的分析:

凡察梦之大休,清沿鲜妍,貌坚健,竹木茂美,宫室器械新成,方正开通,光明温和,升上向兴之象皆为吉喜,谋从事成。诸臭污腐烂,枯槁绝雾,倾倚征邪,剸刖不安,闭塞幽昧,解落坠下向衰之象皆为,计谋不从,举事不成。妖孽怪异,可憎可恶之事皆为忧。图画邮胎,刻镂非真,瓦器虚空,皆为见欺绐。倡优俳儽,侯小儿所戏弄之象,皆为观笑。此其大部也。

从现代心理学的角度看,王符的观察是非常正确的。人之所梦,无论美恶喜忧,其实都与人的心境相关。在《占梦书》中,我们可以看到有些梦境是不可用以占卜的。既然梦与未来相关,又为什么有些梦境不可以占卜呢?对此,王符有理智的分析:

梦或甚显而无占,或甚微而有应,何也?曰:本所谓之梦者,因不了察之称,而懵懵冒名也。故亦不专信以断事。人对计事,起而行之,尚有不从,况于忘忽杂梦,亦可必乎?唯其时有精诚之所感薄,神灵之所告者,乃有占尔。

王符认为人之行事,纵然征而可察,仍然有人不能遂心所愿,更何况茫茫之梦境?而对有些梦境或占卜终成事实,王符的解释就不可信了。他认为是人偶为神灵感发,神灵告之,故此征而可验。

虽然王符认为梦并非无源之水,终有其故,但也认识到很多占梦并不准确。他的解释是:

夫奇异之梦,多有故而少无为者矣。人一寝之梦,或屡迁化,百物代至,而其主不能究道之,故占者有不中也。此非古之罪也,乃梦者过也。或言梦审矣,而说者不能连类传观,故其恶有不验也。此非书之固,乃说之过也。是故占梦之难者,读其书为难也。

梦中"百物代至",梦主都不能说清楚,更何况占梦者。也就是说,王符认识到了梦境的复杂性,以及占梦的局限性。除此之外,王符还认为古人所传之占梦书是可信的,只是占梦者掌握得并不够好,故此用其书而不能应验。王符对占梦虽有一些清晰的认识,但困惑也有不少。更何况他又对古代相传以来,甚至说是圣人作的占梦书又存在一些迷信,因此,他终究相信占梦是可能的。

夫占梦必谨其变故,审其徵候,内考情意,外考王相,即吉凶之符,善恶之效,庶可见也。

王符提到了"变故",并说"内考情意,外考王相"。可见在王符看来,梦是先发生的,现实后于梦境,人类对于现实总是具备引导、改变的能力。尽管这些引导、改变可能是在并不知情的情形下发生,但梦境终究不是现实的预演。为此,他又有详细的解说:

且凡人道见瑞而修德者,福必成,见瑞而纵恣者,福转为祸;见妖而骄侮者,祸必成,见妖而戒惧者,祸转为福。是故大姒有吉梦,文王不敢康吉,祀于群神,然后占于明堂,并拜吉梦。

修发戒惧,闻喜若忧,故能成吉以有天下。虢公梦见蓐收赐之土田,目以为有吉,因史嚚,令国贺梦。闻忧而喜,故能成凶以灭其封。

人们引导、改变现实的力量来自何处?王符认为是"修德",而且是永不止息的"修德"。纵然梦境是美好的,要想美好成为现实,人们总不能放松修德。若放松,则"福转为祸"。梦见妖孽之后,应该"戒惧",如此方可"祸转为福"。说一千,道一万,王符最终由占梦说到"修德",重提恐惧修省:

《易》曰:"使知惧,又明于忧患与故。"凡有异梦感心,以及人之吉凶,相之气色,无问善恶,常恐惧修省,以德迎之,乃其逢吉,天禄永终。

王符虽然对世人迷信占梦颇有微辞,但由于时代局限,他终究不能全然推翻人们对占梦的迷信。他所想实现的,是希望人们将重心放到修德上来。对世间千千万万的普罗大众来说,梦与现实间的微妙联系仍然令人着迷,占梦一直被人迷信。因此,在《隋书·经籍志》中,我们可以看到许多占梦书:

《占梦书》三卷 京房撰
《占梦书》一卷 崔元撰
《竭伽仙人占梦书》一卷
《占梦书》一卷 周宣等撰

《新撰占梦书》十七卷 并目录
《梦书》十卷
《解梦书》二卷
《杂占梦书》一卷 梁有《师旷占》五卷,《东方朔占》七卷,《黄帝太一杂占》十卷和《菟鸟鸣书》,《王乔解鸟语经》,《嚔书》,《耳鸣书》,《目瞤书》各一卷,《董仲舒请祷图》三卷,亡。

以上共有占梦书八种,较《汉志》所载多得多。其中京房撰的《占梦书》不见于《汉志》,恐怕是假托。周宣《占梦书》的作者归属似乎有疑问,《隋志》在周宣的名字后有一个"等"字,这说明《占梦书》虽然只有一卷,但作者其实并非周宣一人,当是在流传过程中有增补。此书一直流传到明代,且卷数有增加。

历史上确实有人名周宣,他生活在魏晋时期,字孔和,《三国志·魏志》有传,说其占梦"十中八九"。在《三国志·周宣传》中,记载了一些周宣占梦应验的故事。

为郡吏,太守杨沛梦人曰:"八月一日曹公当至,必与君杖,饮以药酒。"使宣占之。是时黄巾贼起,宣对曰:"夫杖,起弱者。药,治人病。八月一日贼必除灭。"至期贼果破。后东平刘桢梦蛇生四足,穴居门中,使宣占之。宣曰:"此为国梦,非君家之事也。当杀女子而作贼者。"顷之,女贼郑姜遂俱夷讨。以蛇女子之祥,足非蛇之所宜故也。文帝问宣曰:"吾梦殿屋两瓦堕地,化为双鸳鸯。此何谓也?"宣对曰:"后宫当有暴死者。"帝曰:"吾诈卿耳。"宣对曰:"夫梦者意耳,苟以形言,便占吉凶。"言未毕而黄门令奏,宫人相杀。无几,帝复问曰:"我昨夜梦青气自地属天。"宣对曰:"天下当有贵女子冤死。"是时帝已遣使赐甄后玺书,闻宣言而悔之,遣人追使者,不及。帝复问曰:"吾梦摩钱文欲令灭而更愈明,此何谓邪?"宣怅然不对,帝重问之。宣对曰:"此自陛下家事,虽意欲尔而太后不听,是以文欲灭而明耳。"时帝欲治弟植之罪,偏于太后,但加贬爵。以宣为中郎属太史。尝有问宣曰:"吾昨夜梦见刍狗,其占何也?"宣答曰:"君欲得美食耳。"有顷,出行,果遇丰膳。后又问宣曰:"昨夜复梦见刍狗,何也?"宣曰:"君欲堕车折脚,宜戒慎之。"顷之,果如宣言。后又问宣:"昨夜复梦见刍狗,何也?"宣曰:"君家失火,当善护之。"俄遂火起。语宣曰:"前后三时皆不梦也,聊试君耳,何以皆验邪?"宣对曰:"此神灵动君使言,故与真梦无异也。"又问宣曰:"三梦刍狗而其占不同,何也?"宣曰:"刍狗者,祭神之物。故君始梦,当得余食也。祭祀既讫,则刍狗为车所轹,故中梦当堕车折脚也。刍狗既车轹之,后必载以为樵,故后梦忧失火也。"宣之叙梦凡此类也,十中八九,世以比建平之相矣,其余效故不次列。明帝末卒。

从《周宣传》的描述看,周宣占梦可谓神乎其技,这也难怪他编撰的《占梦书》一直流传到明代,在焦竑的《国史经籍志》中仍有记载。在元代陶宗仪撰,明人陶珽续补的《说郛》卷109仍保留有占辞26条。以下摘钞几条,以供参考:

印钩为人子所禄(保)也。梦见印钩,人得子。含吞印钩,妇怀妊也；钩从腹出，为其乳[出]；失印，子伤堕；而怀子，妻有子；以口含子，子为宅中（主）。

凡梦侏儒事不成，举事中止无后名，百姓所笑人所轻。

桃为守御，辟不祥[也]。梦见桃者，守御官。

可见周宣《占梦书》的主体部分是以梦为纲目来编撰的，有些内容可能来源久远。

到《旧唐书·经籍志》中，《隋书·经籍志》所载的很多书似乎已经亡佚，只存两种有记录，分别是不载撰人的《占梦书》二卷、周宣撰的《占梦书》三卷。《旧唐书》中有李淳风撰《玄悟经》三卷，也许与占梦有关。在《新唐书·艺文志》中，记载的占梦书有：

周宣《占梦书》三卷，又二卷
虑重元《梦书》四卷 开元人
柳璨《梦隽》一卷

其中只有周宣撰的《占梦书》同载于《旧唐书·经籍志》和《隋书·经籍志》，这或许说明占梦一类图书虽然很多名义上有亡佚，但内容可能代代相传，被辗转抄录在后世的占梦书中。在《宋史·艺文志》中，占梦书有以下几种：

卢重玄《梦书》四卷
柳璨《梦隽》一卷

《周公解梦书》三卷
王升缩或无缩字《占梦书》十卷
陈襄校定《梦书》四卷

在宋代,出现了几部新的占梦书,其中"周公解梦书"在后世影响很大。但此书在《宋史》之前并不见记载,可见应该是后人的伪托。有趣的是,在《明史·艺文志》中,仍不见《周公解梦书》:

童轩《梦征录》
张干山《古今应验异梦全书四卷》扬州卫指挥
陈士元《梦占逸旨》八卷
张凤翼《梦占类考》十二卷
《解梦心镜》五卷
《古今纂要梦珍故事》三卷
《古今纪梦要览》二卷

以上七种占梦书可能都是明人编撰的,从书名看,很多内容恐怕来自前代的占梦书籍。在焦竑的《国史经籍志》中,有以下几种占梦书:

《占梦书》三卷 京房
又一卷 崔元
又三卷 周宣

又一卷 竭伽仙人
《解梦录》一卷 僧绍端
《梦占逸旨》八卷 国朝陈士元

在《宋史·艺文志》中不见记载的书在《国史经籍志》中出现了，而且不止一部，这是很值得可疑的。不过，《周公解梦》一书仍不见记载。

在《续修四库全书》中，有以下占梦书：

《梦林玄解》三十四卷
《梦占逸旨》八卷
《梦占类考》十二卷
《新锲徽郡原板梦学全书》三卷

在江苏广陵古籍刻印社的《增补四库全书未收术数类大全》中，有梦书以下几种：

《梦占逸旨》八卷
《梦隽》一卷
《梦书》一卷

在清人孙承泽的《春明梦余录》卷十三中，记内府刻书有"《周公解梦书大全》二本七十叶"，可见明代宫中有《周公解梦》。在雍正《陕西通志》卷七十五中，说《周公解梦》《梦隽》"俱宰相华原柳璨撰"。此柳璨应即《新唐书·艺文志》所载《梦隽》的作者"柳璨"。在清人傅维鳞《明书》中,载内府刻板有"《周公解梦书大全》十七叶",与孙承泽所记有很大的出入。在明人吕毖撰的《明宫史》中,则说"《周公解梦书大全》,计二本七十页"。要之,所谓的《周公解梦》是宋以后史志目录中才出现的书,篇幅并不大,何人所作仍有争议,应是好事者为之,远托周公旦之名。

幸运的是,在敦煌写卷中,保存一部完整的《新集周公解梦书》和《周公解梦书》残卷,弥补了传世史志目录的不足。前者在历史书目中均不见记载,可称弥足珍贵。这部书现在可见于敦煌遗书伯3908和斯5900,前者是完本,后者仅存残序和第一章中的13条占辞。在序言中,说明了著书的目的,以及对梦的看法,全文如下:

夫人生在世,记(讬)四大立形,禀五常之(以)养性,三魂从后,六魄于先。梦是神游,依附仿佛。若经年不梦,尚恐有凭。每夜梦多,十无一定。无事思之,作梦,即名为梦。若思惟想之,或寐,善梦宜说,恶梦理之。夫梦见好即喜、恶即忧,若何智者解之恶梦即吉,何愚人说之好梦变为凶也?今纂录《周公解梦书》廿余章,集为一卷,具件条目,以防疑惑之心,免生忧患。淋(淑)人君子,鉴别贤良,观览视之,万不失。

从此序看,没有说《周公解梦书》的作者是周公旦。若真是周公旦这般圣人,作序者势必称颂一番。序中没有称颂此书及作者,可见作者定非周公。在正文中,此书将梦分为23个类别,每类别下再依次罗列若干梦境,一如通常所见的类书。这23个类别是:"天文章第一""地理章第二""山林草木章第三""水火盗贼章第四""官禄兄弟章第五""人身梳镜章第六""饭食章第七""佛道音乐章第八""庄园田宅章第九""衣服章第十""六畜禽兽章第十一""龙蛇章第十二""刀剑弓弩章第十三""夫妻花粉章第十四""楼阁家具钱帛章第十五""舟车桥市谷章第十六""生死疾病章第十七""冢墓棺材凶具章第十八""十二支日得梦章第十九""十二时得梦章第廿""建除满日得梦章第廿一""恶梦为无禁忌章第廿二""厌攘恶梦章第廿三"。将梦分类的依据一是梦的内容,二是梦的时间。值得注意的是,此书的最后一章是专谈驱邪的,这类内容在岳麓秦简《占梦书》中未见体现。

下面试将"天文章第一"悉数录出,以便读者参照:

梦见上天者,生贵子。梦见天明者,合大吉。梦见看天者,主长命。梦见天、帝、释者,大吉。梦见天者,主得财。梦见天崩者,年大荒。梦见日月者,主大赦。梦见日月照者,大贵。梦见拜日月者,大吉。梦见星者,主官事。梦见流星者,宅不安。梦见雪下者,得官。梦见霜露者,忧死亡。梦见雷雨者,得酒肉。梦见日月没者,大凶。

所谓"天文章",即是见到天或日月星辰的梦。古人崇拜天和星辰,且以为帝亦居天上,所以将"帝"亦纳入第一章。另外,"释者"当指佛教神灵。由此可见,此书定非周公所作。其中的"梦见雷雨者,得酒肉",其实是将雨视为农业之必需,植物之

"甘露"。以此移于人身,则可引出"酒肉"。这是占梦的最常见思路。

在敦煌写卷中,还有一部《周公解梦》,虽然残佚,但仍能帮助我们了解这部书的大概。这部书抄写在三个写卷上,分别是伯3281、3685和斯2222(1)。伯3281原题为"周公解梦书"一卷,序言基本完整,正文存第一到第六章,第七章有目无文。伯3685缺前部,仅存第八到第十二章,第八章有文无目,第十三章有目无文。斯2222(1)缺题、序残,现存第二到第十六章,第一章残缺,第十七章有目无文。三个卷子是同一梦书的三个抄本,可以相互参校。以下是序言:

尧梦见身上毛生,六十日得天子。舜梦见眉长发白,六十日得天子。汤梦见飞上楼四望,六十日得天子。文王梦见日月照身,六十日为伯。武王梦见登树落,八十日有应。汉高祖梦见赤龙左臂住,[□]云丹蛇绕腰,百日得天子。光武梦见乘龙上天、日月使之,五年得天子。孝武帝梦见乘龙上天,身披羽衣,百八十日得天子。列皇后梦见日□□中,生长仙桓□□。吴武烈皇梦肠绕阊门,生武烈皇帝。

这篇序言说了许多古帝王验梦的传说,最晚的是"吴武烈皇",即孙坚。也就是说,这篇序言的上限是三国时期,绝不可能早到西周初年。序言中完全没有提到周公旦,可见书名虽然题为"周公解梦",其实作者根本不是周公旦。这部《周公解梦》同样按"天事章""地理章"这样的逻辑将梦分类,组织全书。以

下抄录"天事章第一":

> 梦见天开者,喜事。梦见闻雷惊,富贵远。梦见震霄,忧移徙。梦见天破赤开,必忧军行。梦见日月,有大赦者,吉。梦见日月照人者,富贵。梦见拜日月者,富贵。梦见流星,住宅不安。梦见雷落者,忧远行,亦废。梦见上天,入官得禄,大吉。梦见天地合者,所求皆得。梦见映日月,大吉利。梦见服日月者,富贵,吉利。梦见星辰,大吉利。梦见日初出,富贵。

将这一章与《新集周公解梦》(简称"《新集》")的"天文章第一"相比较,会有一些有趣的发现。首先,《新集》一书的行文明显条理畅达,是经过整理的结果。其次,《新集》称"天文章",章中内容全部都是围绕"天"展开。而《周公解梦》是"天事章",所以有许多关于雷电的。也就是《新集》有可能对《周公解梦》作了较大范围的调整,重新组织了篇章。再次,两书有一些明显相同的占辞,只是略有异文,比如《新集》中有"梦见日月照者,大贵。梦见井日月者,大吉。梦见星者,主官事。梦见流星暑,宅不安",在《周公解梦》中有"梦见日月照人者,富贵。梦见拜日月者,富贵。梦见流星,住宅不安",这说明两书的关系确实非常近,但《新集》已经作了很大改动,虽然名为《新集》,但实际上可称为一部全新的书籍,只不过内容渊源有自而已。

为便于比较,下面将敦煌写卷《周公解梦》的全部章名抄录下来:

天事章第一　地理章第二　杂事章第三　哀乐章第四　器服章第五　财物章第六　化伤章第七　舍宅章第八　市章第九　四时章第十　冢墓章第十一　林木章第十二　水[□]章第十三　禽兽章第十四　六畜章第十五　龟鳖章第十六　言语章第十七

很明显,《周公解梦》的内容较《新集周公解梦》要少。《周公解梦》和《新集》一样,某些章的篇幅比较短,全书各章的篇幅并不均衡,比如冢墓章第十一的内容就极少:

梦见作冢、榔,大吉。梦见墓中棺出,故事。梦见棺木,得官,吉。梦见棺中死人,得财。梦见墓门开,大吉。梦见桑木在堂上,忧官事。梦见棺冢,明吉,暗凶。

而在《新集》一书的"冢墓棺材章第十八",内容虽要多一点,但仍比其他章的内容要少:

梦见作冢墓者,大吉。梦见冢上生树者,大吉。梦见墓林茂盛,家旺。梦见冢墓上行,大喜。梦见冢墓树折,有诉。梦见棺出冢外,大吉。梦见异棺入宅,财来。梦见棺出宅,失财。梦见棺开张,得大财。梦见棺木闭者,凶恶。梦见棺水流,吉。梦见棺中人语,得财。

从以上两种敦煌占梦书的比较看,《周公解梦》一书可能成于三国魏晋时期,然后在流传中被人改编,导致内容、篇幅都有增加。

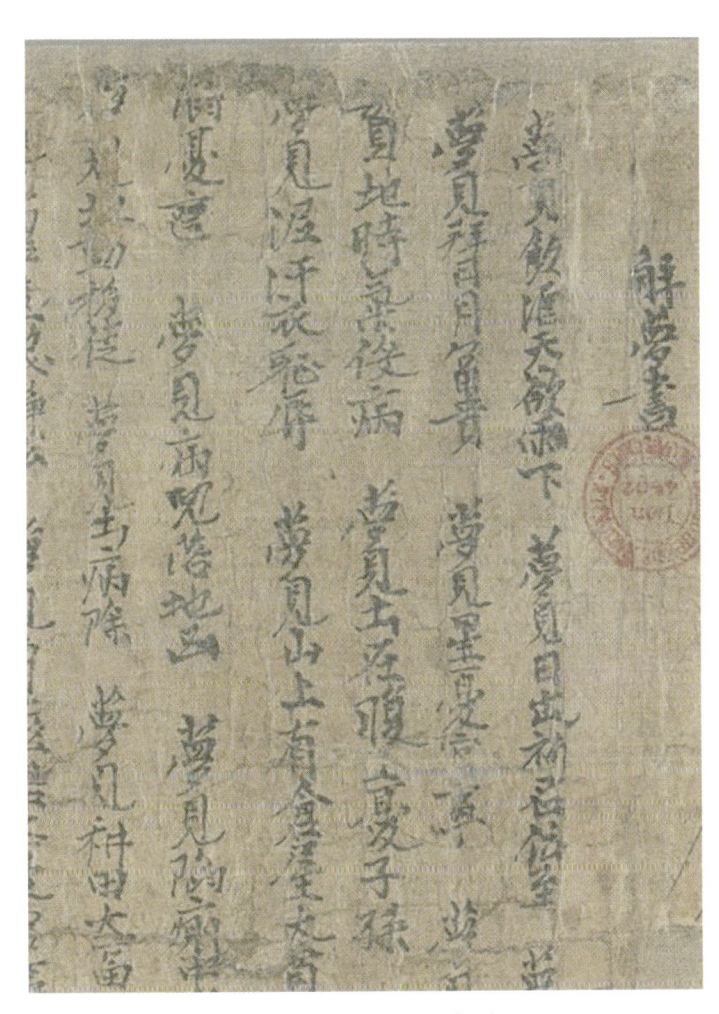

> 敦煌《解梦书》残卷（PelliotChinois_II: 2829）局部

现在民间仍然流传有《周公解梦》，且内容与敦煌写卷中的两部"周公解梦"又有许多不同。这说明在宋以后，这部书仍然不断被改写。这在数术类书籍中，可能是常见的现象。

在敦煌写卷中,还有一种占梦书,抄写在编号为伯2829和斯2222(2)上,在伯2829上题为"解梦书",在斯2222(2)上题作"解梦书"一卷。此书曾见录于《隋书·经籍志》,后来亡佚。这部梦书同样将梦境分成若干类,现可辑佚成两章,一章缺章题,一章有章题。缺章题的内容是说各种梦境的,全文如下:

梦见饮酒,天欲雨下。梦见日初出,名位至。梦见日月照,官贵。梦见乘龙上,大吉。梦见拜日月,富贵。梦见星,忧官事。梦见星落,忧官事及病。梦见天黑气贯地,时气役(疫)病。梦见土在腹上,忧子孙。梦见大盘石,大吉。梦见身入土上,安稳。梦见泥污衣,耻辱。梦见山上有仓屋,大吉。梦见运土宅内者,大富。梦见堂陷,忧丧。梦见病儿落地,凶。梦见陷厕中,粪污衣,富。梦见登山望平地,□。梦见地动,移徙。梦见土,病除。梦见耕田,大富。

此章所述梦境涉事杂乱,有天文、居处、人事以及其他杂事。其中有些内容也见于《周公解梦》或《新集周公解梦》。除此章之外,还有"人间事章":

梦见市人煞(杀)人,大吉。梦见人露齿笑,诤讼。梦见牙齿落,大忧官事。梦见齿白,富贵。梦见兄弟相打,和合。梦见身有羽翼,得官。梦见官,大吉。梦见飞翔,得长官。梦见拜贵人,吉利。梦见父母亡,大吉。梦见叩头向人,皆达。梦见摇头者,为人谋。梦见身居高山,大富。梦见儿女改服,悲泣。梦见与人共食,大吉。梦见梳头,百事散。梦见失靴履,忧奴婢走。梦见拜官吏,有庆贺,吉。梦见得熟肉,大吉。梦见食生肉,忧县官事。梦见□李入门,大吉。梦见得人拜,大吉。梦见女人狂,忧病。梦见抱儿,男吉女凶。梦见靴梳,得横财。梦见披头,贼人谋。梦见发乱,凶;梦见不乱,吉。梦见吏将入狱,得财。梦见君子,生贵子。梦见妻怀孕,与移人。梦见宴会,人谋。梦见僧尼,所作不成。梦见芰瓜,忧病。梦见怕怖,事不决……有外情。梦见玉女,大吉。

这一章的内容涉及范围仍然很广,可见此部梦书的流传历史并不长,篇幅本来也不大。其中有些内容当然也见于其他梦书,说明当时流传的这类书籍整体上并无多少不同,差别主要在于篇幅、结构。

抄写在编号伯3105卷子上的也是一部占梦书,原件前部残缺无题,作者不详。后部题识云:"又别梦书一卷,天部第一。"从抄录的子目和占辞内容看,两部书实际是一部书,内容彼此相承接。此部梦书同样将梦境分类,残存有"天部第一""地部第二""日月部第三""棺墓部第四""草木部第五"等章的内容。

抄写在斯620、伯3990上的也是一部梦书。斯620首尾皆残,现存第23篇到第43篇,第23篇有文无目,第43篇有目无文。伯3990在子目"船车游行飞腾篇"前后仍存部分占辞,文字与斯620相同,但编次误为"第廿九"。刘文英认为此书可能是《宋史·艺文志》著录的王升缩《占梦书》之残本,故为之拟题"占梦书"。 以下试抄录[屋宅篇第廿二](引者注:原件缺篇,整理者据占辞内容拟题）：

梦见堂中有棺才（材），欲富。梦见舍梁发露，家避之。梦见入官位中居，富，王公作。梦见辇土上宅者，大吉。梦见起新舍，大吉；入者得财。梦见舍，吉，一云恩赦。梦见修理故屋大者，家吉。梦见居小屋败漏，凶。梦见屋栋动，家长官病。梦见居大屋中，富贵。梦见居北堂者，有喜事。梦见登高屋，大吉。梦见大人建宅者，病人凶。梦见屋漏，败死，官事凶。梦见迁职，人富。梦见屋栋折，死；落者，凶；障者，凶。梦见屋中有贵人，吉。梦见益田宅，当有□。梦见一（益）宅，吏迁官，凡人吉。梦见柱折，忧家。梦见宅内肉，凶。梦见屋内市，大吉。梦见宅内生竹林，得财，大吉。梦见宅中壁动者，移徙。

此章所述全是有关住宅的梦境，分类极细。从吉凶的判断看，基本是以梦境本事之吉凶为判断标准。梦境较好者，占辞一般来说就是吉利的，反则是凶的。例如"梦见屋漏"，本事就是不吉利的，故此占辞说"败死，官事凶"，均是不吉利的。"梦见居大屋中"，本事就是吉利的，故此占辞说"富贵"。有些判断是依据谐音得出，比如"梦见堂中有棺才（材），欲富"，显然是因"材"与"财"，"棺"与"官"谐音，所以说"欲富"。

另外，写卷上还可看到一些篇题及内容，计有"水篇第廿四""火篇第廿五""桥道门户篇第廿六""飞鸟篇第廿七""龟鳖篇第廿八""猪羊篇第廿九""龙蛇篇第卅""六畜篇第卅一""船车游行飞腾篇卅二""野禽兽篇第卅三""杂虫篇第卅四""冢墓

第三编　奇幻梦境，卜以问之

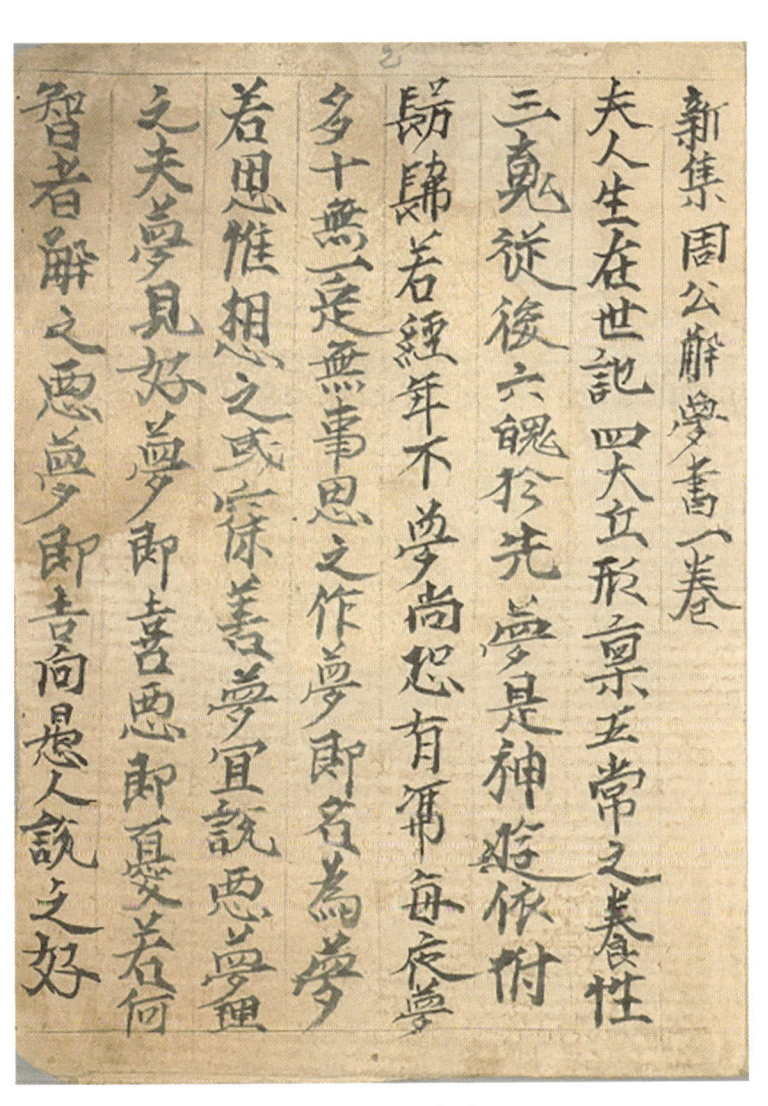

新集周公解梦書一卷
夫人生在世記四大五形稟五常之養性
三魂從後六魄於先夢是神游依附
歸歸若經年不夢尚恐有焉每夜夢
多十無一足無事思之作夢即名為夢
若思惟想之或寢善夢宜說惡夢墮
之夫夢見好惡夢即喜惡夢即憂若何
智者解之惡無夢即吉向愚人說之好

> 敦煌《新集周公解梦》（Pelliot Chinois 3908）局部

棺椁篇第卅五""文武职官篇第卅六""食会沐浴篇第卅七""鬼魅军旅汙辱篇第卅八""农植五谷篇第卅九""佛法仙篇第卌""斩煞(杀)害斗伤篇第卌一""捕禁刑罚篇第卌二""饮食篇第卌三"。

　　以上所说敦煌写卷,共有5部占梦书,分别是《周公解梦》《新集周公解梦》《占梦书》《梦书》《解梦书》。这5部占梦书的篇幅虽然有长有短,但组织行文的逻辑均是相同的。5部占梦书的具体内容或有不同,但对一些梦境的判断多是相同的。这说明隋唐时代的民间有许多种占梦书流传,这些书籍的内容互有重见,应该是辗转相抄的结果。这些书籍与岳麓秦简《占梦书》相比,同样有好些内容是相同的。这说明从先秦到隋唐,占梦书中的一些内容代代相传,大体保持不变。这种现象对我们认识古代书籍的传抄、流传很有帮助。

阴阳五行杂以八方

——秦汉时期的『日书』

第四编

第四编 阴阳五行,杂以八方——秦汉时期的《日书》

前文所说龟卜、易筮均是较复杂的卜筮方法,对一般百姓来说,准备甲骨、读懂《易经》都不是容易的事。占梦一类的书籍当然是比较简单的,但应用范围却有限。在古代,需要占卜的场合非常多,生老病死,婚丧嫁娶,无不用占卜,仅有梦书很难应付日常所需。因此,为了满足一般百姓的需求,有必要将占卜简单化。秦汉简牍《日书》就是符合这种要求的书籍,它搜罗了许多占卜择日的方法,以直接明了的方式告诉读者,在什么时间做什么事情是最合适的。

在流传于世的古代文献中,有专讲选择术的书籍。这类书籍多流传于民间,迭经编撰,其原初面貌较难追溯。1975年,在湖北云梦一座秦墓中发现两种占卜书籍,其中一种自题为"日书"。后来,在放马滩秦墓、孔家坡汉墓等墓葬中,又陆续发现同类文献,学界一般依例称为"日书"。这些"日书"本身并无"版本"学上的关系,只是内容和性质相同而已。因此,我们可以用最先出土的睡虎地秦墓竹简《日书》为例,大体说明这类书籍的内容和特点。

睡虎地秦墓竹简中有两种《日书》,整理者在命名时以"甲"

"乙"两字区别之。《日书》甲种开篇就抄写了三个表格,用以说明秦、楚两地对一年中不同日期的命名,比如在"除"这个标题下抄有下面的表(为便于排版,这个表的画法与竹简上的略有不同,但内容完全一样):

睡虎地秦简《日书》中的《除》

	十一月	十二月	一月	二月	三月	四月	五月	六月	七月	八月	九月	十月
	斗	须	营	奎	胃	毕	东	柳	张	角	氐	心
濡	子	丑	寅	卯	辰	巳	午	未	申	酉	戌	亥
嬴	丑	寅	卯	辰	巳	午	未	申	酉	戌	亥	子
建	寅	卯	辰	巳	午	未	申	酉	戌	亥	子	丑
陷	卯	辰	巳	午	未	申	酉	戌	亥	子	丑	寅
彼	辰	巳	午	未	申	酉	戌	亥	子	丑	寅	卯
平	巳	午	未	申	酉	戌	亥	子	丑	寅	卯	辰
宁	午	未	申	酉	戌	亥	子	丑	寅	卯	辰	巳
空	未	申	酉	戌	亥	子	丑	寅	卯	辰	巳	午
坐	申	酉	戌	亥	子	丑	寅	卯	辰	巳	午	未
盖	酉	戌	亥	子	丑	寅	卯	辰	巳	午	未	申
成	戌	亥	子	丑	寅	卯	辰	巳	午	未	申	酉
甬	亥	子	丑	寅	卯	辰	巳	午	未	申	酉	戌

表中第一行和第二行在竹简上其实是抄在同一列中,这里改为两行。"十一月斗""十二月须"等,是说一年中每个月与二十八宿中斗、须等十二星宿的匹配。表中所列十二辰是每月中的日期,如十一月斗这一列下的子即代表十一月的子日。这个月的子日与表中最左一列中的"濡"相对,是以十一月的子日当称为"濡",其他依此类推。紧接着这个表,又抄了一个题为"秦除"的表:

正月,建寅,除卯,盈辰,平巳,定午,挚(执)未,柀(破)申,危酉,成戌,收亥,开子,闭丑。

二月,建卯,除辰,盈巳,平午,定未,执申,柀(破)酉,危戌,成亥,收子,开丑,闭寅。

三月,建辰,除巳,盈午,平未,定申,执酉,柀(破)戌,危亥,成子,收丑,开寅,闭卯。

四月,建巳,除午,盈未,平申,定酉,挚(执)戌,柀(破)亥,危子,成丑,收寅,开卯,闭辰。

五月,建午,除未,盈申,平酉,定戌,挚(执)亥,柀(破)子,危丑,成寅,收卯,开辰,闭巳。

六月,建未,除申,盈酉、平戌,定亥,挚(执)子,柀(破)丑,危寅,成卯,收辰,开巳,闭午。

七月,建申,除酉,盈戌,平亥,定子,挚(执)丑,柀(破)寅,危卯,成辰,收巳,开午,闭未。

八月,建酉,除戌,盈亥,平子,定丑,挚(执)寅,柀(破)卯,危辰,成巳,收午,开未,闭申。

九月,建戌,除亥,盈子,平丑,定寅,挚(执)卯,柀(破)辰,危巳,成午,收未,开申,闭酉。

十月,建亥,除子,盈丑,平寅,定卯,挚(执)辰,柀(破)巳,危午,成未,收申,开酉,闭戌。

十一月,建子,除丑,盈寅,平卯,定辰,挚(执)巳,柀(破)午,危未,成申,收酉,开戌,闭亥。

十二月,建丑,除寅,盈卯,平辰,定巳,挚(执)午,柀(破)未,危申,成酉,收戌,开亥,闭子。

由这个表的题名可知，前面的一个表主要应用于楚地，两个表反映了两个不同地域的传统。表中"建寅""除卯"之类是说某月中的寅日、卯日可名为"建""除"。给不同日期冠上"别名"，目的在于方便阐述吉凶宜忌，例如《日书》甲种中的以下内容，就是用不同日期的"别名"：

建日，良日也。可以为啬夫、可以祠。利枣（早）不利莫（暮）。可以入人、始寇（冠）、乘车。有为也，吉。

除日，臣妾亡，不得。有□病，不死。利市责（积）、彻□□□除地、饮乐。攻盗，不可以执。

盈日，可以筑闲牢，可以产，可以筑宫室、为啬夫。有疾，难起。

平日，可以取（娶）妻、入人、起事。

定日，可以臧（藏），为官府、室祠。

挚（执）日，不可以行。以亡，必挚（执）而入公而止。

披（破）日，毋可以有为也。

危日，可以责挚（执）、攻□（击）。

成日，可以谋事、起□、兴大事。

收日，可以入人民、马牛、禾粟，入室取妻及它物。

开日，亡者，不得。请谒，得。言盗，得。

闭日，可以劈决池，入臣徒、马牛、它生（牲）。

将上文的内容与前面的《秦除》或《除》相比较，可以很容易看出某天的宜忌，这对普通人来说，是再方便不过的占卜书。

这就如同今日的一些日历,会在每一页上注明当天的宜忌,人们不需要任何专门的知识,只要认识字,就可以看出当天做什么合适,做什么不合适。

在《日书》中,还有许多专为某类事项设计的篇章,比如兴建屋宅、出行、捕盗、分娩等。

一、东南西北,无吉不往

在睡虎地秦简《日书》中,有好些篇章是专讲出行的,且大多重在出行方位。例如《归行》篇:

凡春三月己丑不可东,夏三月戊辰不可南,秋三月己未不可西,冬三月戊戌不可北。百中大凶,二百里外必死。岁忌。

毋以辛壬东南行,日之门也。毋以癸甲西南行,月之门也。毋以乙丙西北行,旱之门也。毋以丁庚东北行,辰之门也。

凡四门之日,行之敫也,以行不吉。

入正月七日,入二月四日,入三月廿一日,入四月八日,入五月十六日,入六月廿四日,入七月九日,入八月□□日,入九月廿七日,入十月十日,入十一月廿日,入十二月卅日,凡此日以归,死;行,亡。

上文提到了"日之门""月之门""星之门""辰之门",所谓

"四门"当指日、月、星、辰之门。由"四门之日"可知,这些门可能与某些日期对应,比如"日之门"或与东南、辛壬对应。存在这种对应关系的知识,多半源自式盘。为证明此点,可以参看周家台秦简上的《二十八宿占》图:

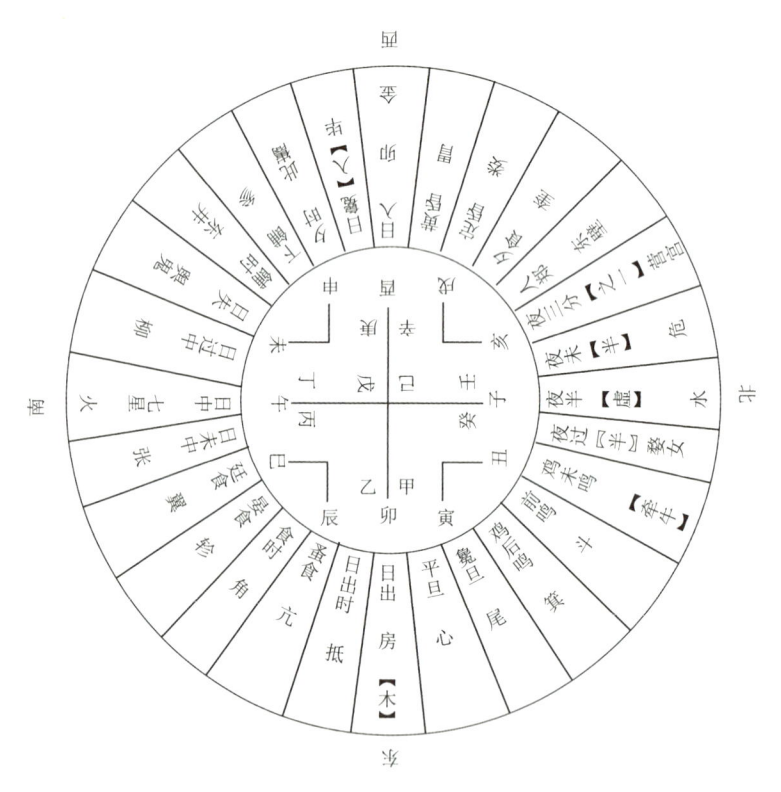

> 周家台秦墓竹简《二十八宿占》

图中天干壬与辛之间有一个"L"形,其余癸和甲之间、乙和丙之间、庚和丁之间,均有"L"形。壬辛之间是西北,与之对冲的则是东南,所以不宜东南行。癸甲之间是东北,其对冲方位是西南,所以不宜西南行。乙丙之间是东南,对冲方位是西北,所以不宜西北行。丁庚之间是西南,对冲是东北,所以不宜东北行。

而第一段所说四季的出行宜忌方位,也可能与这"二十八宿占"相关。己、戊都在中央,分别与丑、辰、未、戌相匹配。不过,为什么不能往东、南等方向,目前还不好理解。最后一段说每月中某一天的宜忌,恐怕也与式图相关。

在《到室》一篇中,所述归日宜忌则可能与建除相关:

正月丑,二月戌,三月未,四月辰,五月丑,六月戌,七月未,八月辰,九月辰,十月戌、丑,十一月未,十二月辰。凡此日不可以行,不吉。

己酉从远行入,有三喜。

从前文所引秦、楚两地建除表及相关文字可知,在每个月的每一天中,都是有宜忌的,此处每个月中的"丑""戌""未""辰",都是指的日期。只不过,这里没有"建""除""危""开"等名称。

除与建除相关之外,在《稷辰》中,也讲到出行的宜忌。比方说"交日,利以实事。凿井,吉。以祭门、行、行水。"(四正贰)、"害日,利以除凶疠,兑小羊。祭门、行、吉。"(五正贰)、"外害日,不可以行、作。之四方野外,必耦寇盗,见兵。"(九正贰)等。

在《日书》中还有"艮山图",可能与《周易》的旅卦相关:

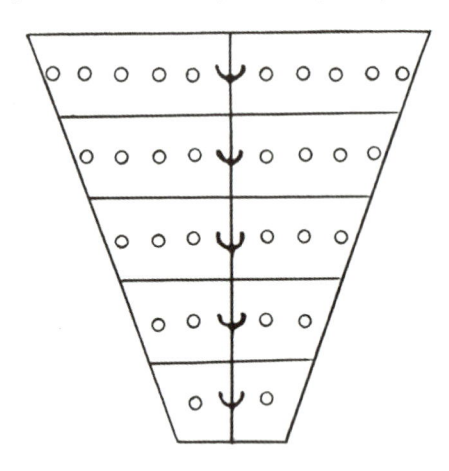

> 睡虎地秦墓竹简《日书》中的"艮山图"

此图附有文字:

此所谓艮山,禹之离日也。从上右方数朔之初,日及支各一日,数之而复从上数。【日】与支剌艮山之谓离日。

类似的图在孔家坡汉简《日书》中也有,同样附有文字:

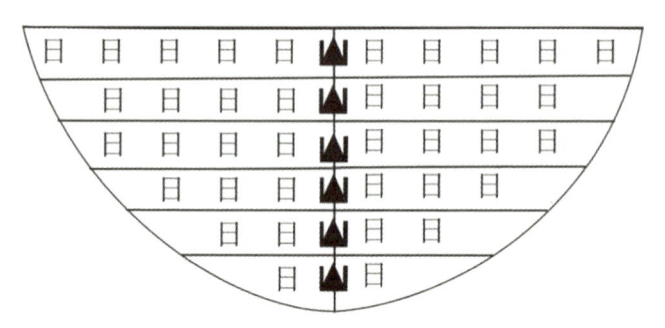

> 孔家坡汉简《日书》中的"艮山图"

是谓根山,禹离日也。数从上右方数朔初,日及字各居一日。尽,复道上右方数。日与字夹根山是谓离日。

据晏昌贵的研究,孔家坡汉简上的图多抄出一部分,系抄写错误。参照两种简牍上的文字描述,意思应该是从图的右上方数起,"日"和"支"各占一天。所谓"日"当是天干,"支"就是地支。孔家坡汉简中的"字"当读作"子",也是指地支。如果某月初一是甲子的话,则可将前15天画成下图:

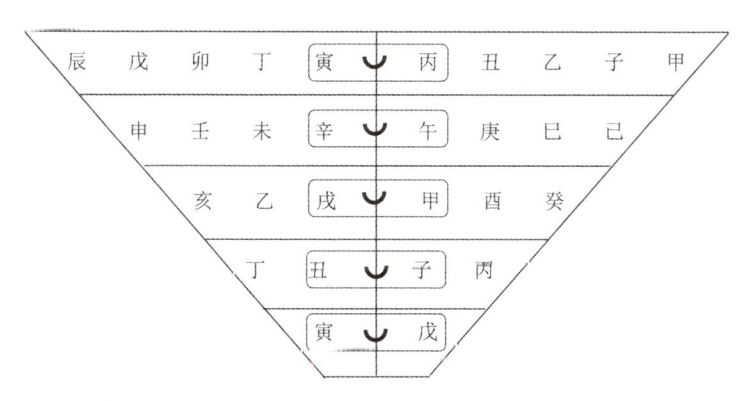

> 晏昌贵整理的"艮山图"

"日与支刾艮山""日与字夹艮山"的意思是一样,是指用六十甲子所表示之日期中的天干与天支夹着"艮山"形,例如图中的"丙寅""甲戌""戊寅"这三天。

为什么要将一月中的30天如此排序,画成"山"字形,并称出行的日子为"离"日呢?其实是与旅卦的卦象相关。旅卦艮下离上,艮可以象征山,离就是分离,也就是出行。由此可知,在古人的理解中,可以照旅卦之卦象,由艮而离,推算出适宜的出行日期。

在《日书》中,还有一个表,题作"直此日月者不出"[①],同样是用于出行择日的。

直此日月者不出

八月	酉	西方	九月	戌	十月	亥
七月	申	三月	辰	二月	卯	北方
南方		四月	巳	正月	寅	十一月	子
六月	未	五月	午	东方	十二月	丑

王子今做过推算,将睡虎地秦简《日书》中所列出行禁忌的日子加以总计的话,全年行忌日至少有151天,占全年总日数的41.3%,足见当时出行禁忌之烦苛。如此多的出行忌日,当与战国时代交通不便,战争频仍相关,反映出人们对远行的担忧。

---

① 《日书》甲种的表有错误,刘乐贤据《日书》乙种加以校正,以下图表即出自刘乐贤的校正。

二、生子卜日,以求富贵

在睡虎地秦简《日书》甲种中,有一篇《生子》,详述了60天中生子的命运:

甲戌生子,饮食急。
乙亥生子,毅而富。
丙子生子,不吉。
丁丑生子,好言语,或生于目。
戊寅生子,去父母南。
己卯生子,去其邦。
庚辰生子,好女子。
辛巳生子,吉而富。
壬午生子,毅而武。
癸未生子,长大,善得。
甲申生子,巧,有身事。
乙酉生子,毅,好乐。
丙戌生子,有事。
丁亥生子,攻巧,孝。
戊子生子,去其邦,北。
己丑生子,贫而疾。
庚寅生子,女为贾,男好衣佩而贵。
辛卯生子,吉及毅。

壬辰生子,武而好衣剑。

癸巳生子,毂。

甲午生子,武有力,少孤。

乙未生子,有疾,少孤,后富。

丙申生子,好家室。

丁酉生子,耆酒。

戊戌生子,好田野邑屋。

己亥生子,毂。

庚子生子,少孤,污。

辛丑生子,有心冬。

壬寅生子,不女为医,女子为也。

癸卯生子,不吉。

甲辰生子,毂,且武而利弟。

乙巳生子,吉。

丙午生子,耆酒而疾,后富。

丁未生子,不吉,毋母,必赏系囚。

戊申生子,宠,事君。

己酉生子,毂,有商。

庚戌生子,武而贫。

辛亥生子,不吉。

壬子生子,惠。

癸丑生子,好水,少疾,必为吏。

甲寅生子,必为吏。

乙卯生子,要不蕃。

丙辰生子,有疵于体而悪。

丁巳生子,毅而美,有秩。

戊午生子,耆酒及田猎。

己未生子,吉。

庚申生子,良。

辛酉生子,不吉。

壬戌生子,不吉。

壬戌生子,好家室。

癸亥生子,毋终。

甲子生子,少孤,衣污。

乙丑生子,武以攻巧。

丙寅生子,武以圣。

丁卯生子,不正,乃有疵前。

戊辰生子,有宠。

己巳生子,鬼,必为人臣妾。

庚午生子,贫,有力,先终。

辛未生子,肉食。

壬申生子,闻。

癸酉生子,先终。

由于古代是以六十甲子循环纪日,因此,此篇相当于将一年之内任意一天生子的命运都预测了出来,由此可见当时人对于孩子命运的关注度。在《日书》中,还有一种方法可以预测婴儿命运,同样是以出生日期占卜:

>预测婴儿命运的"人身图"

此图并附文字:

人字,其日在首,富难胜殹。夹颈者贵。在奎者富。在掖者爱。在手者巧盗。在足下者贱。在外者奔亡。女子以巳字,不复字。

这种方法是将十二地支与人体不同部位对应,以表示其尊卑。因为足在下,辛劳,所以在与足相对应之日期生下的孩子就卑贱。相反,在与头、颈这些位置较靠上之日期生下的孩子,则非富即贵。"外"字,据刘乐贤的意见,可读作"肩"。

需要注意的是,以上两个人字图中,十二支与人体部位的对应并非完全相同。这与前文的楚、秦建除一样,反映出不同地域存在不同的占卜体系。理论根基虽然相同,但在流传过程中会产生多种形式。

在《日书》之外,也可以看到有关生子的占卜,并延伸到孕期相关事宜,此类思想在马王堆帛书中即可见。除了占卜,人们还可能行巫术,祈求避祸得富。马王堆帛书中有一篇就记载了妇人分娩之后,胞衣埋葬方位的不同会影响婴儿的健康成长,以及产妇日后的生育情况。

三、良辰吉日,男婚女嫁

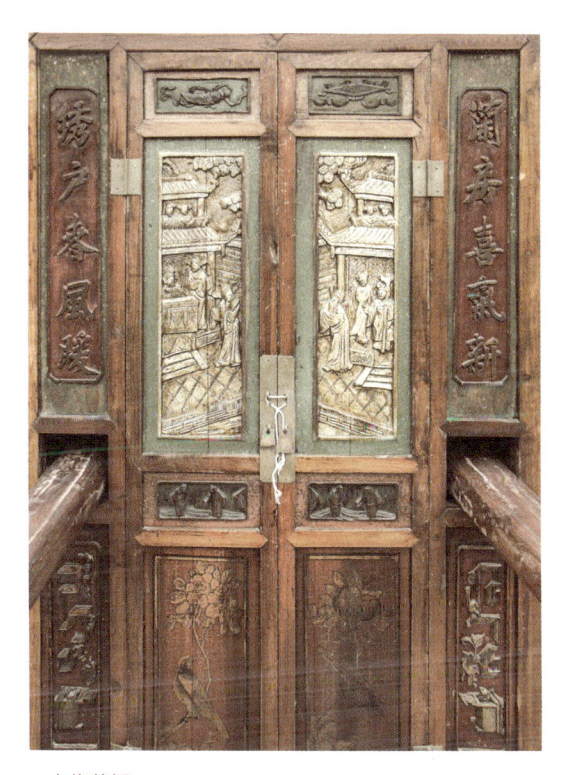

> 古代花轿

无论古代，还是现代，婚姻始终是人生大事。人生大事自然要选择良辰吉日，《日书》就有多篇专讲男婚女嫁的，比如被整理者题为"取妻家女"的一篇：

春三月季庚辛，夏三月季壬癸，秋三月季甲乙，冬三月季丙丁，此大败日。取妻，不终；盖屋，燔；行，傅；毋可有为，日冲。

癸丑、戊午、己未，禹以取梌山之女日也，不弃，必以子死。

戊申、巳酉，牵牛以取织女而不果，不出三岁，弃若亡。

壬辰、癸巳，橐妇以出，夫先死，不出二岁。

庚辰、辛巳，敝毛之士以取妻，不死，弃。

凡取妻、出女之日，冬三月奎、娄吉。以奎，夫爱妻；以娄，妻爱夫。

壬申、癸酉，天以震高山，不居，不吉。

甲子午、庚辰、丁巳，不可取妻，家子。

甲寅之旬，不可取妻，毋子。虽有，毋男。

戌兴亥是胃分离日，不可取妻。取妻，不终，死若弃。

子、寅、卯、巳、酉、戌为牡日。丑、辰、申、午、未、亥为牝。牝日以葬，必复之。

十二月、正月、七月、八月为牡月。三月、四月、九月、十月为牝月。牝月牡日取妻，吉。

直参以出女，室必尽。

直营室以出女，父母必从居。

直牵牛、须女出女，父母有咎。

中春轸、角，中夏参、东井，中秋奎、东辟，中冬竹、斗，以取妻,弃。

　　凡参、翼、轸以出女,丁巳以出女,皆弃之。

　　以己丑、酉、巳,不可家女、取妻,交徒人也可也。

　　月生五日曰杵,九日曰举,十二日曰见莫取,十四日臾诟。十五日曰臣代主。代主及臾诟,不可取妻。

此篇列出了许多婚姻的忌日,可能是从某类书上搜集过来的,各条资料的来源未必是相同的。比如"春三月季庚辛""直参以出女,室必尽"等,可能是从式盘来的;"子、寅、卯、巳、酉、戌为牡日"两条,则可能来自另一种占卜方法。在《取妻》一篇中,全是忌日的记载:

　　取妻龙日,丁巳、癸丑、辛酉、辛亥、乙酉,及春之未戌,秋丑辰,冬戌亥。丁丑、己丑取妻,不吉。戊申、己酉,牵牛以取织女,不果,三弃。

其中"龙日"意义只能从下文内容推测,应该相当于忌日。如果是专用于婚嫁择日的话,理应有吉日,有忌日。这里全是忌日,只能是从某种书上摘抄的结果。在其他一些篇章中,也有讨论婚嫁的,比如"平日,可以取妻、入人、起事"(一七正贰)、"危阳,是谓不成行……不可取女、嫁女,不可见人。"(三六正)等。

四、或病或愈，择日卜之

古代医疗水平低，人们应付疾病的方法并不多。因此，在病重或迁延良久时，就可能行占卜。在《日书》中，有许多以日期为线索来占卜的篇章，比如《病》篇：

甲乙有疾，父母为祟，得之于肉，从东方来，裹以漆器。戊己病，庚有，辛酢。若不烦居东方，岁在东方，青色死。

丙丁有疾，王父为祟，得之亦肉、雄鸡、酒。庚辛病，壬有间，癸酢。若不酢，烦居南方，岁在南方，赤色死。

戊己有疾，巫堪行，王母为祟，得之于黄色索鱼、堇酉。壬癸病，甲有间。乙酢。若不酢，烦居邦中，岁在西方，黄色死。

庚辛有疾，外鬼伤死为祟，得之犬肉、鲜卵白色，甲乙病，丙有间，丁酢。若不酢，烦居西方，岁在西方，白色死。

壬癸有疾，母逢人，外鬼为祟，得之于酒、脯、脩、节、肉。丙丁病，戊有间，己酢。若不酢，烦居北方，黑色死。

此篇有许多不好理解的地方，比如"甲乙有疾"与"戊己病"之间存在何种联系，为什么是三日呢？其他如"丙丁有疾"与"庚辛病"等亦是。当然，从文意看，"有疾"是说患病，"病"当指疾病加剧。"酢"的意思目前仍有争议，可能是指祭祀，也可能是指患者可以起床。"青色死""黄色死"等，是说肤色为青、黄的人将病逝。至于"得之于肉""得之亦肉"等，可能是指患病之由。

不过，从王子今的分析看，这些句子亦可能暗示鬼神索求肉等物。鬼神想要有肉、酒等，患者没有提供，故生疾。生疾后，以肉等祭祀供神，则可满足鬼神需求，缓解疾病。因此，"得之于肉"等，既可指患病之由，同时可能是描述祭祀时的供品。

古人常常将疾病归于鬼神作祟，因此就有相关的驱鬼术。睡虎地秦简《日书》中有《诘咎》篇，讲的就是不同时间、不同情形下的驱鬼术。虽然大部分驱鬼术与占卜关系不大，但仍有一些明显涉及占卜，比如："鬼恒为人恶梦，觉而弗占，是图夫，为桑杖倚户内，覆䩷户外，不来矣。"（四四背贰—四五背贰）"觉而弗占"当指梦不可占，古代占梦书将梦分为可占、不可占两类。《日书》此条是说如果恶梦后不可占，就是"图夫"作祟。又比如"人生子未能行而死，恒然，是不辜鬼处之。以庚日日始出时渍门以灰，卒，有祭，十日收祭，裹以白茅，埋野，则毋央矣。"（五二背贰—五三背贰），此条虽不说占卜，但对"人生子未能行而死"的问题指出了原由，其实仍与占卜相类。

在《日书》中，还有很多内容与疾病相关，不过都较零散，不似《病》篇这样集中。

五、官不可逆，卜而见之

古人无事不卜，甚至拜见上司、出入衙门都会事先行卜，以预吉凶。睡虎地秦简《日书》中有《吏》篇，记载了一天之中不同

176 时间拜见上司的后果。

> 子,朝风了,有告,听。
> 晏见,有告,不听。
> 昼见,有美言。
> 日虒见,令复见之。
> 丑,朝见,有怒。
> 晏见,有美言。
> 昼见,遇怒。
> 日虒见,有告,听。
> 夕见,有恶言。
> 寅,朝,有怒。
> 晏见,说。
> 昼见,不复,复。
> 日虒见,不言,得。
> 夕见,有告,听。
> 卯,朝见,喜;请命,许。
> 晏见,说。
> 昼见,有告,听。
> 日虒见,请命,许。
> 夕见,有怒。
> 辰,朝见,有告,听。
> 晏见,请命,许。
> 昼见,请命,许。

日虒见,有告,不听。

夕见,请命,许。

巳,朝见,不说。

晏见,有告,听。

昼见,有告,不听。

日虒见,有告,遇怒。

夕见,有后言。

午,朝见,不诒。

晏见,百事不成。

昼见,有告,听。

日虒见,造,许。

夕见,说。

申,朝见,遇怒。

晏见,得语。

昼见,不说。

日虒见,有后言。

夕见,请命,许。

戌,朝见,有告,听。

晏见,造,许。

昼见,得语。

日虒见,请命,许。

夕见,有恶言。

亥,朝见,有后言。

晏见,不诒。

昼见,令复见之。
日虒见,有恶言。
夕见,令复见之。

此篇将子、丑、寅、卯、辰、巳、午、申、戌、亥共10天中的不同时段拜见上司的情况记录了下来,从体例看,抄写应当遗漏了未、酉两天。这种现象表明《日书》是一种抄撮性质的文献。在叙述每天的情况时,都分五个时段,这应该是当时的习惯做法。有学者据上述内容,列出了每天不同时段的见官情况:

占卜见官时辰

	朝见	晏见	昼见	日虒见	夕见
子	有告,听	有告,不听	有美言	令复见之	
丑	有怒	有美言	遇怒	有告,听	有恶言
寅	有怒	说	不得,复	不言,得	有告,听
卯	喜,请命,许	说	有告,听	请命,许	有怒
辰	有告,听	请命,许	请命,许	有告,不听	请命,许
巳	不说	有告,听	有告,不听	有告,遇怒	有后言
午	不诒	百事不成	有告,听	造,许	说
申	遇怒	得语	不说	有后言	请命,许
戌	有告,听	造,许	得语	请命,许	有恶言
亥	有后言	不诒	令复见之	有恶言	令复见之

其中"虒"是斜的意思,所谓"日虒"当指正午过后,黄昏之前,太阳开始西斜的时候。"夕"当指黄昏时候。从每一天的情

况看,不同时段拜见上司会遇到不同的情况。虽然人们都知道官场事务、上司性情不会依照此段文字的安排有序地变化,但是又不得不看到另一个事实,即上司之权威不可触犯、难以捉摸,而下吏的前途和命运,甚至生命却又常常把握在上司手中。因此,将占卜用于官场,反映的未必是人们对占卜的迷信,而是人们对官场的恐惧,以及政治的变幻莫测。因此,不仅普通小吏时常提心吊胆,就是职位高一些的官员也必须谨慎从事,有时也得求助于占卜。由此就有《入官良日》篇:

丁丑入官,吉,必七徙。
寅入官,吉。
戌入官,吉。
亥入官,吉。
申入官,不计去。
酉入官,有罪。
卯入官,凶。
未午辰入官,必辱去。
己丑,以见王公,必有拜也。

此篇中的"丁丑"可能抄写有误,当作"子丑"。值得注意的是,这一篇同样是从别处抄录来的,所以排序有点乱,且缺少辰、巳。在《日书》乙种中,有更为详细的《入官》篇:

春三月,丙寅、丙子,利入官。夏三月,甲申、甲辰、乙巳、乙未,利入官。秋三月,壬子、壬辰、壬申、庚子、壬寅、癸丑,利入官。冬三月,庚申、庚子、庚寅、辛丑,利入官。子、丑入官,久,七徙。戌入官,行。亥入官,傷〈伤〉去。申入官,不计而徙。酉入官,有罪。卯入官,凶。实〈寅〉、巳入官,吉。未、辰、午入官,辱而去。甲寅、乙丑、乙巳,皆可见人。甲子到乙亥是右〈君〉也,利以临官立政,是胃贵胜贱。

这篇文章与甲种大致相同,只存在少许异文。比如"戌入官"的话,甲种是"吉",乙种则是"行"。另外,乙种中有些话并不见于甲种,篇名也与甲种有不同。这都说明当时流传的这类择日方法应当不止一种,在民间流传时,会有许多互有差异的本子。

六、择日稽盗,无往不胜

与占卜见官相类的,还有占卜捕盗的,两者都与官吏日常工作相关。《日书》甲种有《盗者》篇,列出十二天中盗者的面貌、行事特征。

子,鼠也。盗者兑口,希须,善弄,手黑色,面有黑子焉,疵在耳,藏于垣内中粪蔡下。多鼠鼷孔午郢。

其中"子"是指子日。"鼠"是指行窃者有与老鼠相同的诸多特征,比如尖嘴,胡须稀疏,身形敏捷,手是黑颜色的,面上有黑痣在耳边等,甚至推断其名字中可能有"鼠""䑕""孔"等字。对普通百姓来说,这类信息对寻出盗者和被窃之物是非常有用的。对官吏来说,这些信息在缉捕窃贼时非常有用。为更深入了解此篇,我们再摘抄几条:

丑,牛也。盗者大鼻,长头,人辟臑而偻,疵在目,藏牛厩中草木下。多徐善趎以未。

寅,虎也。盗者壮,希须,面有黑焉,不全于身,从以上辟臑梗,大疵在辟,藏于瓦器间,旦闭夕启西方。多虎豻貙豹申。

从《盗者》篇看,战国晚期已有将十二辰与十二种事物相对应的做法,它们的对应关系有可能是子鼠、丑牛、寅虎、卯兔、巳蛇、午鹿、未马、申环、酉水、戌羊、亥豕。其中辰的对应目前还不清楚,但极可能是某种动物。在后世的十二生肖中,是十二时辰对应十二种动物。虽然十二时辰同样是以"十二辰"称之,但终究与十二天不同。在战国时期的匹配中,有环、水两种不是动物,还有后世没有的鹿、马、羊所对应的地支与后世也不同。从这些情况看,"十二生肖"在当时还不甚成熟。

在其他一些篇章中,有"攻盗"一类的说法,比如第一五正贰、二四正贰等。本来官吏是按律行事的,只求尽职即可。但在战国时代,由于等级森严,各级官吏对上司总抱有敬畏,甚至是恐惧之心。见上司时心中忐忑,惟恐有失。履职时惶惶不安，生怕不能合乎上司心意。秦自商鞅变法之后，强调酷法治国，秦王居中执要，以权势控制大局。至于各级官吏，同样无不依赖权势来贯彻政意。在这种情况下，衙门内的官吏自然更不敢怠慢。有此背景，自然不难理解人们会对官场事务进行占卜，以求安全无虞，进而平步青云。

> 十二生肖轮

七、日常起居，不可不慎

中国古人最重农业生产，但凡粮食种植的一些关键环节，无不希望顺遂无灾。在《日书》甲种中有《禾良日》篇，就是有关粮食种植的占卜择日：

> 禾良日，已、亥、癸亥、五酉、五丑。
> 禾忌日，稷龙寅，秫丑，稻亥，麦子，菽、荅卯，麻辰，葵癸亥，各常□忌，不可种之及初获、出入之。辛卯不可以初获禾。

篇中提到的"龙"当是"忌"的意思。下文提到"初获"，因此，所谓的"禾良日""禾忌日"应当都是针对播种而言。古代播种要择日，这种传统直到现在仍有遗存。虽然战国时期的历法已经有相当发展，对天时的把握完全可以解决播种、收获之日期选择的问题。但对一般百姓来说，在依赖历法之外，再求得鬼神的佑助，当然是乐见其成的。正是在这种心态的影响下，才使择日播种、收获等做法在古代社会得以一直保留。

在《日书》甲种中，还有一篇《困良日》，同样与农业相关：

> 困良日，甲午、乙未、乙巳，为困大吉。

在《日书》乙种中，同样可以看到一些有关农业生产的内容：

五谷良日,己□□□出种及予人。壬辰乙巳,不可以予。子,亦勿以种。六四

五谷龙日,子麦,丑黍,寅稷,辰麻,申戌菽,壬辰瓜,癸葵。六五

五种忌日,丙及寅禾,甲及子麦,乙巳四六贰及丑黍,辰卯及戌菽,亥稻,不四七贰可以始种获,始尝,其四八贰岁或弗食。四九贰凡有入也,必以岁后;有出五〇贰也,必以岁前。五一贰

不同的作物,宜忌是不同的,一方面说明当时这方面的讲究已经比较烦琐,另一方面说明这些宜忌也得考虑不同作物的特性。

农业种植、收藏是农业社会的头等大事,人们希望这方面一切顺利妥当,这看起来非常自然。不过,农业方面的努力是为解决吃的问题,只能是人类关心的永恒话题之一。因此,我们在《日书》中还可看到人们为妥善解决住、穿等方面所做的努力。睡虎地秦简《日书》甲种中有《室忌》篇,告诉人们在哪些日子不宜起土造房:

春三月庚辛,夏三月壬癸,秋三月甲乙,冬三月丙丁,勿以筑室。以之,大主死;不死,泽,弗居。

凡入月五日,月不尽五日,以筑室,不居;为羊牢马厩,亦弗居;以用垣宇,闭货贝。

很显然,四季中的"室忌"日是特意挑选出来的,因为从秋

三月起,正好有甲乙丙丁庚辛壬癸,只有中间与土对应的戊己没有出现。按四季与五行、十天干的对应关系看,甲乙对应春季,与秋季"对冲";丙丁对应夏季,与冬季"对冲";庚辛对应秋季,与春季"对冲";壬癸对应冬季,与夏季"对冲"。"入月五日"和"月不尽五日"都是以五天为单位,暂时看不出有什么理据。

修建房屋时,门是最重要的部分,在《日书》甲种中就有关于门的内容:

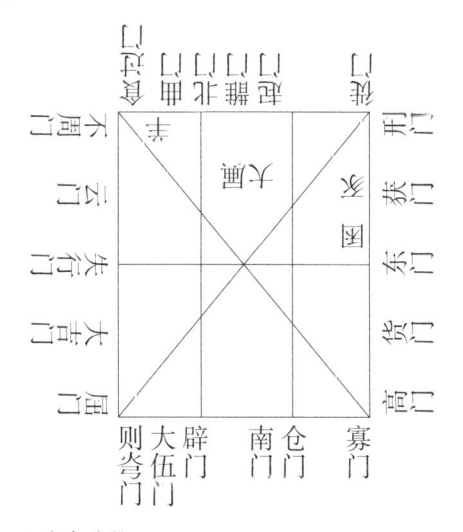

> 门与方位

在这幅图中,标出了许多门。从图形看,这些门当与方位有关。与这幅图相配的是一段文字,逐个说明图中每个门的吉凶情况:

寡门,兴,兴毋定处,凶。

仓门,富,井居西南,囷居北乡詹,詹毋绝县肉。

南门,将军门,贱人弗敢居。
....

这些内容都与修筑房屋、居住地的选择相关。在《日书》甲种中有《宅居》篇,将居住与方位、地理位置的关系说得更为透彻:

凡宇最邦之高,贵,贫。
宇最邦之下,富而泽。
宇四旁高,中央下,富。
宇四旁下,中央高,贫。
宇北方高,南方下,毋宠。
宇南方高,北方下,利贾市。
宇东方高,西方下,女子为正。
宇有要,不穷必刑。
宇中有谷,不吉。
宇右长左短,吉。
宇左长,女子为正。
宇多于西南之西,富。
宇多于西北之北,绝后。
宇多于东北之北,安。
宇多于东北,出逐。
宇多于东南,富,女子为正。
....

这一篇的性质大体与后世的"风水"相似。从前面谈"高""下"的内容看,此篇大概是以"下"为事物汇聚之地,"高"为事物难以积聚之地。依据这样的逻辑,很容易得出在城中最高处安宅,虽然地位高贵,但财富难聚,故贫。四周高,中央下,则四周之财富汇聚中央,故此说是"富"。反则当然是"贫"。北方为水,寒冷之地,北方高,南方下,则寒冷之水泄下,故此说无"宠"。相反,若北方为下,南方为高,则水不泄出,故此说"利贾市"。东方为阳,西方则为阴,故"东方高,西方下"则是阴盛,故说"女子为政"。"宇有要",当指房屋中间小而两头大。以下说"宇多于西南之西",当指屋宇的重心偏向西南偏西的方向。其他相似句子可依此类推。

此篇《宅居》不仅说屋宇,亦说到水池、排水沟、马牛圈、囷、井等的方位选择及其吉凶意义:

为池西南,富。

为池正北,不利其母。

水渎西出,贫,有女子言。

为渎北出,毋藏货。

水渎南出,利家。

圈居宇西南,贵吉。

圈居宇正北,富。

圈居宇正东方,败。

圈居宇东南,有宠,不终世。

圈居宇西北,宜子与。

囷居宇西北陋,不利。
囷居宇东南陋,不盈,不利室。
囷居宇西南陋,吉。
囷居宇东北陋,吉。
井当户牖间,富。
井居西南陋,其君不泽必穷。
井居西北陋,必绝后。
虎居东方,乡井,日出炙其幹,其后必肉食。

虽然此篇只说了"为池西南"和"为池正北",但理应还有其他方位,只是此篇没有记录而已。值得注意的是,"为池正北,不利其母","为渎北出,毋藏货",北为坎位,为水。池为蓄水,渎为泄水,在北蓄水或往北泄水,均是不利的,这可能都与北方为水相关。另外,"为池西南,富",与"井居西南陋,其君不泽必穷"在结果上是相反的。但是,池与井在本质上却是相同的。这似乎说明凿池和凿井之方位的选择与《周易》应当没有关联。

对于房屋空间的分配,《宅居》篇也有涉及:

取妇为小内,
内居西南,妇不媚于君。
内居西北,毋子。
内居东北,吉。
内居正东,吉。
内居南,不畜。当祠室、依道为小内,不宜子。

文中的"内"指内室、卧室。所谓"内居西南"等等,都是指主人卧室的方位。从方位与吉凶的匹配看,选择卧室宜偏向东方、南方。其中"内居西北"之所以毋子,可能与西北寒冷相关。"内居南"之所以"不畜",可能是朝南则过于燥热。时至今日,民居的朝向、卧室的朝向等,主要考虑的因素仍与日照和风势相关。《宅居》篇的以东北、正东等为吉,与现在的观念仍大体相合。战国时期的人们在营造住宅时,已经考虑到日照和风势等因素。

除考虑卧室外,《宅居》篇还考虑到了猪圈的位置:

囷居西北陋,利猪,不利人。
囷居正北,吉。
囷居东北,妻善病。
囷居南,宜犬,多恶言。

此篇中的"囷"本指猪厕,猪厕与猪圈通常在一起,因此,"囷居西北陋"等应当是指猪圈的营造位置。猪圈的位置与房屋的朝向关系密切,通常来说,房屋多选择朝东或朝南。因此,北方在房子的左侧,东北则可能在房子左前侧。猪圈臭味冲天,在房子前方,当然是不利的,简文说"妻善病"当与此有关。西北侧在房子的左后方,在夏天时下午会被太阳晒到,臭味蒸发,令人生厌,说"利猪,不利人"的根据或就在此。在南方的话,日照更强,臭味更浓。犬食屎好臭,"宜犬"或就根据此点。猪圈在正北方的话,当与房子基本处在一条水平线上,便于主人照顾。阴冷,臭味不至发散,故说"吉"。

从以上内容可知,《宅居》篇的内容虽然不多,但涉及房屋营造的诸多方面,反映出战国时人在房屋营造方面已经有很多讲究,考虑的因素已经很复杂。考虑这些因素的目的大体是想宜于居住,甚而使主人能因此富贵高升。

与《宅居》篇重在方位选择不同,《土忌》篇着重于择日:

土良日,癸巳、乙巳、甲戌,凡有土事必果。
土忌日,戊、己及癸酉、癸未、庚申、丁未,凡有土事弗果居。
正月寅,二月巳,三月未,四月亥,五月卯,六月午,七月酉,八月子,九月辰,十月未,十一月戌,十二月丑,当其地不可起土攻。
正月亥,二月酉,三月未,四月寅,五月子,六月戌,七月巳,八月卯,九月丑,十月申,十一月午,十二月辰,是谓土神,毋起土攻,凶。
春三月戊辰、己巳,夏三月戊申、己未,秋三月戊戌、己亥,冬三月戊寅、己丑,是谓地冲,不可为土攻。
春之乙亥,秋之辛亥,冬之癸亥,是谓牝日,百事不吉。以起土攻,有女丧。
正月乙卯,四月丙午,七月辛酉,十月壬子,是谓招摇合日,不可垣,凶。
正月申,四月寅,六月巳,十月亥,是谓地杓,神以摇毁宫,毋起土攻,凶。

从五行的角度看,戊、己都是对应土的,在此日"有土事"不利似乎有一定理据。依此理看的话,癸是水,酉是金,金生水。未是土,土克水。庚、申皆是金。丁是火,未是土,火可生土。却又看不出癸酉、癸未、庚申、丁未等日何以不可"有土事"。

在"春之乙亥"一节中,简文提到"是谓牝日",似乎在提醒读者,它的理据是将天干地支分为刚柔两类。睡虎地秦简《日书》乙种有《人日》《男子日》两篇,就是讲将地支分为两类的:

凡子、卯、寅、酉男子日,午、未、申、丑、亥女子日。以女子是病,病瘳,必复之。以女子日死,死以葬,必复之。男子日如是。

男子日,寅、卯、子、巳、戌、酉,女子日,辰、午、未、申、亥、丑。

这两篇都将亥归为女子日,因此"春之乙亥""秋之辛亥""冬之癸亥"等,自然是"牝日"。

至于"招摇合日",刘乐贤认为:正月乙卯,月份、天干、地支的五行都是水;四月丙午,月份、天干、地支的五行都是火;七月辛酉,月份、天干、地支的五行都是金;十月壬子,月份、天干、地支的五行都是水。这样整齐的五行组合不会是偶然的。可是为什么要叫招摇合日?目前尚难回答。王子今认为:《淮南子·兵略》:"夫以巨斧击桐薪,不待利时良日而后破之。加巨斧于桐薪之上,而无人力之奉,虽顺招摇,挟刑德,而弗能破者,以其无势也。"从《淮南子》字句,似可体会"招摇"和"破"的关系。要之,所谓的"招摇合日",在后世其实是有其遗迹的。

事实上,《宅居》篇依据的许多理论可以在后世找到影子,例如其中说的"正月亥""二月酉"等"是谓土神,毋起土攻",《星历考原》卷四有"土符土府地囊"条:"《总要历》曰:'土符''土府''地囊',皆土神也。其日忌破土、穿井、开渠、筑墙。《历例》曰:'土符'者,正月丑,二月巳,三月酉,四月寅,五月午,六月戌,七月卯,八月未,九月亥,十月辰,十一月申,十二月子。'土府'者,与月建同行。……"

日常生活中还有一件事情比较重要,即"制衣""穿衣"。《日书》甲种有《衣良日》篇,载录与制衣、穿新衣相关的宜忌时辰:

衣良日,丁丑、丁巳、丁未、丁亥、辛未、辛巳、辛丑、乙丑、乙酉、乙巳、辛巳、癸巳、辛丑、癸酉。乙丑、巳、酉、辛、巳、丑、酉、丁巳、丑,吉。丁丑裁衣,媚人。入十月十日乙酉、十一月丁酉裁衣,终身衣丝。十月丁酉裁衣,不卒岁必衣丝。

这一节是写适宜制衣的日子,从天干看,多是丁、辛诸日。"媚衣"当指穿着漂亮,能吸引人。"终身衣丝"当指终生富贵,丰衣足食。"不卒岁必衣丝",似指年内就当会发财,得富贵。

衣忌:癸亥、戊申、己未、壬申、丁亥、癸丑、寅、申、亥,戊、己、癸、甲,己卯,辛卯,癸卯,丁、戊、己、申。六月己未,不可以制新衣,必死。

己、戊、壬、癸、丙申、丁亥,必鼠死者。癸丑、寅、申、亥,秋丙、庚、辛材裁衣,必入之。

五月六月,不可为复衣。月不尽五日,不可裁衣。

与"衣良日"相比,"衣忌日"看上去非常零散,似乎没有什么规律。在此篇之后,又有《衣》篇,其中有些内容与《衣良日》类似,另有一些则不见于《衣良日》篇:

丁酉,衣裳,以西有以东行,以坐而饮酒,矢兵不入于身,身不伤。

衣良日,乙丑、巳、酉、辛巳、丑、酉,吉。丁丑裁衣,媚人。入七月七日日乙酉,十一月丁酉裁衣,终身衣丝。十月丁酉裁衣,不卒岁必衣丝。

很明显,其中有些日子在《衣良日》篇中并未出现。比如下面的"衣忌日":

衣忌日,己、戊、壬、癸、丙申、丁亥,必鼠妃者。癸丑、寅、申、亥,秋内、庚、辛裁衣,必入之。五月六月,不可为复衣。月不尽五日,不可裁衣,丁酉裁衣裳,以西有以东行,以坐而饮酒,矢兵不入于身,身不伤。

与《衣良日》篇相比,"癸亥、戊申、己未、壬申、丁亥,癸丑、寅、申、亥,戊己、癸、甲,己卯,辛卯,癸卯,丁、戊、己、申。六月己未,不可以制新衣,必死"这一节并未出现,其他一些日子也有稍许差别。如此内容大体相同,稍有差异的篇章被抄写在一起,说明《日书》本身来源复杂,是一种丛书性质的杂抄。就现在发现的《日书》看,最早的见于九店楚简,可以确证抄写于战国时代。也就是说,至晚在战国时代,人们已经会利用阴阳、五行、八方、天干、地支、二十八宿以及各类神话组织起方式多样的择日、占卜方法。

以上有关衣、食、住、行诸多方面的择日、占卜,大都是与"活人"相关的。在《日书》中,还有与"死人"相关的诸多择日方法,比如《葬日》篇:

> 葬日,子、卯、巳、酉、戌,是谓男日。午、未、申、丑、亥、辰,是谓女日。女日死,女日葬,必复之。男子亦然。凡丁丑不可以葬,葬必参。

此篇内容与《日书》乙种的《人日》大体相同,但又不尽同。把日期分为男日、女日,与《礼记》所记将日期分为刚日、柔日在本质上是相同的。与此不同的是,后来天干地支都分为阴、阳两组,可见分男日、女日,或刚日、柔日是较早的两种做法。后来阴阳思想流传起来,遂都统摄在阴阳之中。

对古人来说,祭祀也是非常重要的一件事,因此,《日书》有很多篇章是关于祭祀择日或占卜的,比如《日书》乙种有《行祠》篇:

> 祠常行,甲辰、甲申、庚申、壬辰、壬申,吉。毋以丙、丁、戊、

第四编 阴阳五行,杂以八方——秦汉时期的《日书》

壬□

这是说祭祀"常行神"宜选择甲辰、甲申等日,不宜选择丙、丁、戊、壬等日。又比如《行行祠》篇:

> 行祠,东行南〈南行〉,祠道左;西北行,祠道右。其号曰大常行,合三土皇,耐为四席。席殹其后,小席三殹。其祝曰:"无王事,唯福是司,勉饮食,多投福。"

举行祭祀行神时,若朝东南方向出行,则在道路左侧进行祭祀。若是朝西北方向旅行,则在道路右侧进行祭祀。行神号称"大常行",祭祀时应再加上三位土皇,共设四个祭席。最后还记载了一段祝辞,表示将多奉祭品,恳请神灵多多赐福。还有《□祠》篇:

> 正□□□□□□□□□癸不可祠人伏,伏者以死。戊辰不可祠道旁,道旁以死。丁不可祠道旁。

其中"人伏"是鬼神名称,这段文字的意思是说癸日不能祭祀人伏神,若祭祀则会在伏日死去。戊辰日不能在道路旁祭祀行神,否则将死在道路边。丁日也不能在道路旁祭祀道路之神。还有《祠》篇:

> 祠亲,乙丑吉。祠室,己卯、戊辰、戊寅,吉。祠户,丑、午□

祭祀逝世的亲人，同样也有宜忌日，乙丑日可祭祀，其他则未必。祭祀房屋之神的话，则己卯等日期可行。祭祀户神的话，同样有宜日、忌日。

以上各节所述是睡虎地秦简《日书》中的内容，涉及的事项特别多，有婚姻生育，也有官场工作、日常起居、疾病、梦境等，凡是生活中可能遇见的，在《日书》中基本都可以找到对应的篇章。这说明在战国时期，普通百姓的择日、占卜实际上有许多可以选择的方式。不过，若认真分析这些择日、占卜的篇章，可以发现它们背后的理据无非这么几类。一是阴阳五行的数术思想，比如将日期分为男日、女日等篇即是阴阳思想一类。甚至有篇章明确载明五行的生克关系。不仅如此，阴阳五行还与八方、颜色等相配，组成复杂的数术图式。二是与星占、式盘有关的理论，很多篇章甚至有可能直接来源于式盘，只不过为了避免烦琐，直接将具体日期、吉凶宜忌等列出来以供一般民众使用。三是鬼神信仰，比如讲何日生病是何种鬼神作祟，如何治疗等，其实都是战国时期鬼神信仰的一些具体表现。

秦汉古墓中出土的"日书"目前已经有很多，比如湖北九店战国楚墓、甘肃放马滩秦墓、孔家坡汉墓等。这些"日书"的结构虽然多有不同，并不存在"版本"学上的关系，但内容却多有相同，或大同小异。这说明此类书籍在战国秦汉时期是极其流行的。事实上，就是在汉代以后，这一类的书籍仍然非常流行。在敦煌写卷中，同样有许多性质相似的书籍，记载了各类占卜、择日的方法。在唐人柳玭的文集中，他记载自己在成都城中看到很多人贩卖书籍，用的是当时还属新起的雕版技术印刷，内

第四编 阴阳五行,杂以八方——秦汉时期的《日书》

容多是择日、占卜、通书之类。唐宋以降,此类书籍仍然非常多。到清代时,民间流传的选择类书籍仍然很多。当时的情况与战国秦汉时期有点类似,即各种选择、占卜书籍在内容上常有相互冲突、矛盾的地方。康熙年间,皇帝命李光地等人编撰了《星历考原》一书,对钦天监藏有的选择类书籍作了一次整理,希望减少有矛盾和冲突的地方。后来乾隆皇帝又命庄亲王允禄等对选择类书籍作了更为全面的整理和考订,三年方毕其功,撰成《协纪辨方书》。此书共有36卷,第一、二卷主要介绍一些基本的原理和概念,比如八卦、天干地支、五行、纳音、河图、洛书等。第三卷和第八卷介绍各种神煞的运行规律。第九卷将神煞的运行规律以表格的形成呈现,以便检览。第十卷为宜忌,第十一卷是用事,叙述某些事适宜于哪些时间,与前述秦简

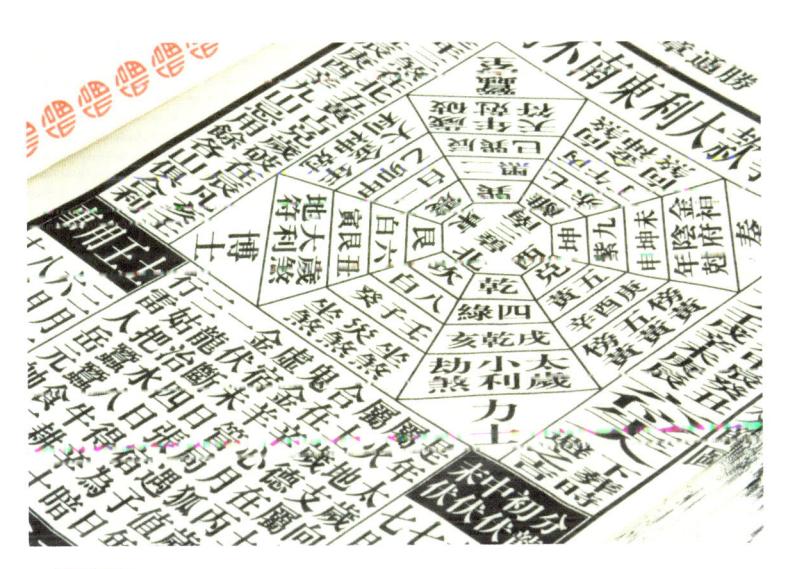

> 中国年历

《日书》中的很多内容相似。第十二、十三卷为公规,叙述节气、昼夜日刻、天象、各种祭典等。第十四卷至第十九卷为年表,按六十甲子的顺序叙述神煞。第二十卷至第三十一卷为月表,以月为单位,列出十二个月中每月每日的吉神和凶神,以及相应的行事宜忌。第三十二卷为日表,以日为单位,分别叙述六十甲子日的时辰定局等。第三十三、三十四卷为利用,论述有关选择应该遵守的一些基本原则。第三十五卷为附录,第三十六卷为辨讹。

第五编

日月星辰风雨雾电

——简帛中的星占术

第五编　日月星辰,风雨雾电——简帛中的星占术

日月星辰高悬于天,风雨雾电铺天盖地,生活在苍穹之下的人类不能不关注。在《尚书·尧典》中,就记载了羲和等人通过观察星辰确定季节。此篇所载虽然是茫渺不可考的远古传说,但应有其史实背景。河南濮阳的新石器时代墓葬中,考古学家发现了用蚌壳摆成的龙、虎等图案,被很多学者认为是天上星宿的反应。这样的材料应该比《尧典》中的传说更有说服力。时代晚很多的商代末年,本是西边小国的周在许多部族的拥护下,誓要灭掉暴烈的商纣王。在伐纣之时,天空出现了异象:

武王伐纣,东面而迎岁,至氾而水,至共头而坠,彗星出而授殷人其柄。当战之时,十日乱于上,风雨击于中。然而前无蹈难之赏,而后无遁北之刑,白刃不毕拔而天下得矣。(《淮南子·兵略》)

在中国历史上,每当旧朝覆灭,新朝龙兴之时,常有一些奇异的天文气象。在古人的意识中,星辰运行"失常"、暴风冰雪

等特异气象,往往与人类社会有着密不可分的关系。这种意识是"天人感应"思想的重要内容,其影响之深,甚至在今日仍有余响。

渊源久远的星占学在简帛文献中同样没有缺席,本书前面所谈《日书》中就有许多与星占学相关的内容,不过比较零碎。在长沙马王堆汉墓帛书中,有系统性更强、内容更为丰富的星占学文献。《五星占》是讲五大行星占测的,《天文气象杂占》和《日月风雨云气占》是讲云气及日、月旁气占测的。这三种古书记载的星占学虽然与传世文献《开元占经》等古书所记有许多相似之处,但因其时代早,且是墓中出土的古抄本,故其文献学价值非常高。依据这三种文献,可以推测在战国时代,中国已有非常严密的星占学。至于古今"天文学"的差异,在这三种文献中也有明显的体现。

一、运行有度,吉凶可测

中国古代极为重视行星,常常依据行星的运行及相关现象作出预测。上引《淮南子》文提到的"岁",就是今天所说的木星,它就常被用于星占。五大行星在古代各有习称:

水星——辰星
金星——太白

火星——荧惑
木星——岁星
土星——填星、镇星

　　这些习称都有特殊的涵义,比如"岁星"是因木星十二年运行一周天,古人因此将一周天十二分,称十二次。木星每年经过一次,所以常以之纪年。屈原《离骚》说他出生时"摄提贞于孟陬兮",就是用的岁星纪年。"填(镇)星"二十八年运行一周天,每年经过二十八宿中的一宿,用"镇"就是表示土星在一年中驻于某一宿。又称"填星",是因为"填"通"镇"。火星时隐时现,令人迷惑,所以称"荧惑"。水星离太阳近,通常只在凌晨或黄昏时看到,所以称"辰星"。金星是五大行星中最亮的一颗,看起来是纯白色的,所以称"太白"。由于金星比较亮,所以容易观察到,古人因此给不同时段观察到的金星起了不同的名字。清晨看到的金星叫"启明星",此时位于东方;黄昏看到的金星叫"长庚",此时处于西方。除特殊涵义外,存在诸多习称这个现象本身就说明古人对五大行星的观测是非常注重的。至于金、木、水、火、土这五个惯称,则直接与五行相配。五行是中国数术文化中的核心概念,很多吉凶祸福都要从五行的生克关系中推演出来,以五行来命名星辰本就寓含了浓重的数术色彩。

　　帛书《五星占》从星占学的角度,总结了五大行星的占测方法。在木星部分,首先说:"东方木,其帝大皞,其丞句芒,其神上为岁星。"木星与东方、五帝之一的大皞、五方神之一的句芒是对应关系。然后再说岁星行度,即每年所处的位置,比如"岁星以正月与营宫晨出东方,其名为摄提格。其明岁以二月与东壁晨出东方,其名为单阏"等。在说完岁星的运行规律后,开始说相关的吉凶休咎。虽然各星的篇幅并不平衡,但内容的特点、性质基本相同。

通览《五星占》,人们会发现所记占卜事项无一不关乎国家兴亡、战乱军争,体现了中国古代星占学的特点。比如在木星部分中有以下内容(释文中有许多文字是据传世文献补入,为免烦琐,不予标出):

营室摄提格始昌,岁星所久处者有卿。

以正月与营室晨出东方,名曰监德,其状苍苍若有光。其国有德,黍稷之匿,其国无德,兵甲啬啬。

其失次以下一若二若三舍,是谓天维纽,其下之国有忧,将亡,国倾败。其失次以上一若二若三舍,是谓天维嬴,于是岁天下大水,不乃天裂,不乃地动。纽亦同占。

上面第一条是说木星所处之星宿所对应的国家有福,第二和第三条简文本来有很多残缺,可据《开元占经》等补充。"其状苍苍若有光",当指木星的光芒。从现代的天文学看,这种光芒是因大气层的影响,使行星在人类的视野中显现出一种朦胧有光的样貌。第三条是说木星运行之快慢(古书中常称为"逆")的,"其失次以下"云云,是说木星运行与按其运行规律推算出的结果比较起来要慢,这种状况下的木星被称为"天维"。"纽",

可能当读作"缩",与下文的"嬴"相对。"其失次以上"云云是木星运行较快的情况。较快和较慢时,木星所处星宿所对应的国家就会有忧,将亡,或发大水、地震等。其实,木星和其他行星、恒星的运动一样,大体是匀速运行的,之所以出现快或慢的情况,是古人计算出现的误差。虽然古人知道这种误差的存在,但他们更倾向从吉凶的角度解读。

在中国古代的星占学中,分野说非常重要,上引木星占文字都涉及分野说。分野说将天空中的区域与地理上的区域相对应,在某片星空中出现的异象,可反映出相对应之地理区域内的情况。从《左传》看,分野说至少在春秋时期就已经产生。在后世的文献中,分野说更是无处不在。这种机械的对应当然没有什么严密的逻辑可言,但颇能反映中国古代对"天""人"关系的理解。由于星宿、地域划分,以及分野说本身存在时代因素,难以古今一贯,因此古籍中的星宿与地域的对应关系并不止一种。如果是以二十八宿与古代州名对应的话,一般如下:

兖州　角、亢、氐

豫州　房、心

幽州　尾、箕

扬州　斗、牵牛、婺女

青州　虚、危

并州　营室、东壁

徐州　奎、娄、胃

冀州　昴、毕

益州　觜觿、参
雍州　东井、舆鬼
三河　柳、七星、张
荆州　翼、轸

由于古代州名与春秋战国时代的诸侯国也有一定的对应关系，所以有时也常将诸侯国名与二十八宿对应。隋唐以后，通常采用以下的对应关系：

郑　兖州　轸、角、亢、氐
宋　豫州　氐、房、心、尾
燕　幽州　尾、箕、斗
吴越　扬州　斗、牵牛、须女
齐　青州　须女、虚、危
卫　并州　危、室、壁、奎
鲁　徐州　奎、娄、胃
赵　冀州　胃、昴、毕
魏　益州　毕、觜、参、东井
秦　雍州　东井、舆鬼、柳
周　三河　柳、七星、张
楚　荆州　张、翼、轸

在实际的占卜中，并非完全利用上述古地名，有时会是其他地名，比如《五星占》记载的火星占中有下面一条：

赤芒,南方之国利之;白芒,西方之国利之;黑芒,北方之国利之;青芒,东方之国利之;黄亡,中国利之。

这是根据火星的光芒来占卜的,所谓的赤芒、黑芒等未必真是实际天象,各色光芒所对应之区域以南、西、北、东、中为序,各方与五色的对应又基于五行学说。五行学说是中国星占学的又一理论基础,在星占学的文献中很容易看到它的影响,比如说《五星占》对土星的解释:

中央【土】,其帝黄帝,其丞后土,其神上为填星。

这是以五大行星配五方、五行、五帝,在古代数术文化中,天、地、人之三才始终是一个存在着千丝万缕的联系,又关系复杂的整体。

> 星空

帛书《五星占》与天象观测不无联系，或者说，星占学离不开天象的观测。因此，在《五星占》的后半部分，就记录了许多具体年份中的五星运行位置，此即"行度"。这类记录不仅为研究古代天文学史提供了可资依据的史料，是科技史的重要文献，而且为人们认识古代天象观测的目的提供了旁证，又是文化史的重要文献。

二、天有文，气有象

在中国古代，"天文"一词的内涵与今天有所不同，除日月星辰等天体之外，还有云、风、雨、霜等气象。古人很早就认识到云与气之间的关系，而气在古代人的思维中，又是极其重要的要素，甚至是所有事物的根基。云在天空中的变幻位移就像气之运动的"可视化"，是观测气的重要窗口。虽然云漂浮在高空，但在古代数术文化中，天、地、人本是一体的，三者存在着频繁的互动，互为映照。人事在天文、地形等方面均可体现，天文、地形可影响到人事。因此，古代对云，或说云气极其看重。帛书《天文气象杂占》中就有许多这样的占例，并配有图形（为排版方便，图形用文字描述）。

楚云如日而白。图形是一圆圈，应象征太阳。
赵云。图形残缺，但据后世文献看，可能是牛。

中山云。图形似乎是牛。

燕云。图形是树木。

秦云。图形像人,与传世文献所载美人、行人近似。

戎云。图形残缺,可能与传世文献所载不同。

浊(蜀)云。图形似囷仓。

韩云。图形像布。

上举诸例所绘之"云气"在现实生活中很难见到,正因出现概率极低,所以才成为占测的依据。举头便见的日常天象也进入占测范围的话,其结果必然是普普通通的,与人们占测的心理动机多少有点不符。

另外,这类云气也可能不是常人所能见的。史书记载西汉的吕后在刘邦未发迹之前就能观察到他头顶上的"云气":

秦始皇帝常曰"东南有天子气",于是因东游以厌之。高祖即自疑,亡匿,隐于芒、砀山泽岩石之间。吕后与人俱求,常得之。高祖怪问之。吕后曰:"季所居上常有云气,故从往常得季。"高祖心喜。沛中子弟或闻之,多欲附者矣。(《史记·高祖本纪》)

这个故事当然有点故弄玄虚,或可理解为刘邦发迹之后人们吹嘘出来的传说,不足为信。不过,司马迁将这等故事写进史书,就反映在秦汉人心目中,这种常人不可见的"云气"确实是存在的。不仅存在,而且非常丰富有趣,比如《史记·项羽本纪》中记载范曾对项羽说:"吾令人望其气,皆为龙虎,成五采,此天子气也。"这不仅说明望气非一般人所能,而且气之形态万千,实出常人所想。

不过,古人实际占测的云气似乎并非如此。在《天文气象杂占》中,记有许多正常的天文或现象,比如日冕、日晕等。

曼,天下有立王。任氏。
曼,与立王同占。

引文中的"曼"字可能与"冕"通假,上引文字所配图像即是太阳的上方有云气,好像日冠的样子。

天下又(有)大戒;军旅在野,天下又(有)大喜。任氏。

从图像看,上引文字说的应是太阳有重晕,且有抱。日晕是一种正常的大气光学现象,虽然不多见,但却是常人肉眼就能观察到的。当天空中有卷层云时,同时可能飘浮着大量冰晶。太阳光穿过卷层云时,因受冰晶折射或反射的原因,会形成以太阳为圆心的若干彩色光环。古代星占家可以凭借日晕的不同颜色作出不同的占测,《开元占经》就载录了许多凭借日晕颜色占测的文献。日晕有全晕和缺口晕,古代星占学所说的"抱气",或"日抱"指的就是缺口晕。《乙巳占》说"抱气""青赤而曲,向日抱。为扶抱向就之象"。所谓"曲"当指虽然环绕在太阳之外,但并未形成一个完整无缺的圆,而是存在缺口。

月亮周围也有可能存在云气,《天文气象杂占》同样有载录:

有云刺月,当者邦君式(弒)死。
有赤云、黑云交临月,当者□□。
有黑云、赤云三周月,当者□□大攻。

这三条说的都是月旁之云气。"刺月",是说云气看上去像刺穿了月亮一般,这种情况在《开元占经》等传世星占文献中多有记载,是古代星占家观察得较多的情形。"有赤云、黑云交临月",是说月亮旁边有红色、黑色之云。"有黑云、赤云三周月",是说月亮外边有黑云、赤云环绕。

除日、月之外,彗星也是星占家较为重视的天文现象。彗星并不常常出现,出现时又有奇特的景观,因此被古人视为难得一见的异象。彗星在古代有许多名称,在《天文气象杂占》中就有18个,不过,较常见的仍是彗和孛。

彗星出,短,儿(饥);长,为兵。戾在所,利。
彗星出所,其邦亡。

这两条都是说彗星的。彗星出现时,若形态较短,则会发现饥荒;若形态较长,则可能出现战乱。戾,就是柄的意思。"戾在所"是说彗尾指向的地理区域。彗星本是围绕太阳运行的云雾状天体，较亮的部分叫"彗核"，包在彗核外面的云雾叫"彗发"，与彗核一起称为"彗头"。太阳风和太阳辐射压力把彗发的气体和周围的微尘推开，形成亮度自彗头起渐次变暗的彗尾。彗尾往往略成扇形，故古人称彗星是"扫帚星"，意即非常不吉利的星。

> 彗星

虽然古文献中"彗柄"的具体所指并不明确，但从一些材料看，"尿所在"当是说彗尾指向，即彗星运动的反方向。《淮南子·兵略》中说："武王伐纣，东面而迎岁，至汜而水，至共头而坠，彗星出而授殷人其柄。当战之时，十日乱于上，风雨击于中。然而前无蹈难之赏，而后无遁北之刑，白刃不毕拔而天下得矣。"从《兵略》篇上文的"兵之胜败，本在于政。政胜其民，下附其上,则兵强矣"等文字看,"彗星出而授殷人其柄"是对周武王非常不利的天象。"授殷人其柄"是说彗尾朝向西边的殷人,彗头朝向周人,有似殷人操扫帚之柄来扫除周人。高诱注说:"时有彗星,柄在东方,可以埽西人也。"同样是说彗头朝向周人。又比如《尉缭子·天官》:

楚将公子心与齐人战,时有彗星出,柄在齐。柄所在胜,不可击。公子心曰:"彗星何知?以彗斗者固倒而胜焉。"明日与齐战,大破之。

公子心所说的"固倒而胜焉",是说与彗星运动轨迹相反,或迎向彗星者胜。《说苑·权谋》载城濮之战前,晋文公认为占卜、天象对自己都不利,因此打算主动撤退,但咎犯则认为:

卜战龟熸,是荆人也。我迎岁,彼背岁,彼去我从之也。彗星见,彼操其柄,我操其标,以扫则彼利,以击则我利。君梦与荆王搏,彼在上,君在下,则君见天而荆王伏其罪也。且吾以宋卫为主,齐秦辅我,我合大道,独以人事固将胜之矣。

咎犯所说"以扫则彼利,以击则我利",意思是如果"扫"的话,则利于楚,因为彗星朝向晋军一方,晋军所在的区域是将被扫的区域;如果迎头痛击的话,则晋军胜,因为彗星出现在楚国。可见古人的常识是以柄所在者为利,公子心说"以彗斗者固倒而胜焉",恐怕确有所本,不像咎犯那样是曲为之说。

由于彗星本质上是绕太阳运动的冰冻物质,所以当它通过近日点时,冰冻物质受高温和辐射的影响被蒸发,产生的气体和尘埃在天空中会形成许多不同的形状。也就是说,彗星的彗发、彗尾是形态多变的。在《天文气象杂占》中,说到了许多种彗星,大多与彗发、彗尾的形态相关。

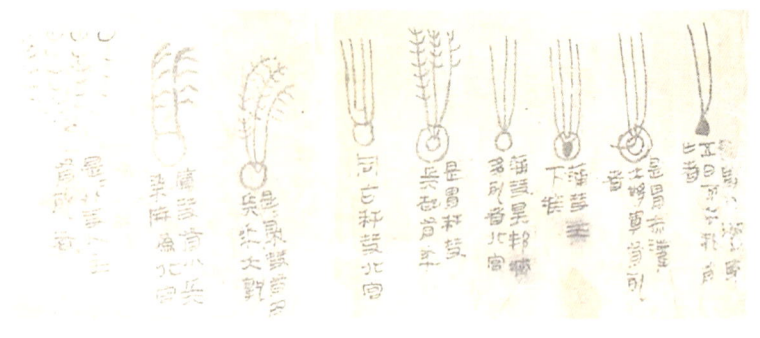

> 《天文气象杂占》局部

上图只是《天文气象杂占》彗星图中的一部分(原图参见裘锡圭主编《长沙马王堆汉墓简帛集成》第壹册,中华书局,2014年,第206页),仅此一斑足以看出古代星占家对彗星的观察已经非常细致,图中右边第二、三、五位上彗星在彗核中有空心或实心小圆圈,应该是描述彗核的特殊形态。这些图片对今人了解古代的天文水平非常有帮助。

古代星占中,彗星是妖星一类,彗星占可归入杂星占。同属杂星占的,还有客星、流星等,在《天文气象杂占》中都有所涉及。客星通常是指现在所说的新星或超新星爆发。这类星通常不被观察到,因突然变得明亮,而后又消失,有如不速之客,所以说是"客星"。与客星相比,流星较常见,在古代星占家看来,流星常常是凶兆。

与《五星占》一样,《天文气象杂占》记载的内容都是占测军国大事的。此篇中有一节与龙形之云气相配的文字:

此出,所之邦利以兴兵,大胜。兵在外,龙之卿<乡(向)>也,不胜。一月见此,四卿<乡(向)>兵,三岁入;七月、八月而见,卿<乡(向)>兵,十岁乃入,天下尽兴兵。

一个形似卦象的图配的文字是:

大胜。
攻城,城有救至。

与一个黑三角形相配的文字是:

此出,所之邦有兵。云白,来战。

《晋书·天文志》说:"刘叡集天文众占,名《荆州占》。其杂星之体,有瑞星,有妖星,有客星,有流星,有瑞气,有妖气,有日月旁气,皆略其名状,举其占验……"所举"杂星之体"在《天文气象杂占》中多有描述。由此可知,此类星占知识早在汉初,甚至战国时代就已经存在,且有很好的归纳总结。

三、风雨雷电，吉凶其间

在马王堆帛书中，还有一篇《日月风雨云气占》。此篇在马王堆汉墓中有两个抄本，甲篇比乙篇保存得要完整，但不及乙篇抄写工整。由于涉及日、月、风、雨、雷、云气等，所以整理者命名为"日月风雨云气占"。这篇文献充分体现出了古代星占学的特点，即天文、气候现象都可以成为占测的依据。

在《日月风雨云气占》中，有不少占测月旁云气的内容，比如以下一条：

【月半白半】赤，城半降半施；尽【赤】，尽施；尽白，尽降。

这是依据月亮颜色占测守城吉凶的。"半白半赤"是说月亮一半白一半红，"施"是说陈尸示众，"半降半施"意即一半投降，一半被屠杀或战死。月亮通常是白色，出现红色即是现在说的"红月亮"或"红月"，是月光经过大气层之后，被人们观察到的颜色，并非月亮的本色。发生月全食时，也可能出现红月亮。

月亮除了有颜色变化，还会有大小变化：

【月】大光赤，【主】人出战，不胜，城拔。

文中说的"【月】大光赤"是说月亮不仅大，而且呈红色。月亮大小其实是不变的(至少短期内是如此),但因受大气环境、月亮与地球之间距离的影响,在人类的视野里,月亮有时会特别大,有时会比较小。这些本是正常的天文现象,在现代人看来并无特别意义。例如2018年1月31日,不仅有月全食,而且有"红月亮",月亮又红又大。这类现象较少见,现在人们虽然很好奇,但并不因此惊慌。

和云气相关的,还有"月晕":

月军(晕)二重,倍滴在外,私成外;倍滴在中,私成中。

月晕有两重,且有"倍滴",则寓意"私成"。"倍滴"是日月旁气的一种,在日月两旁反出的是"倍",在上方反出的则是"滴"。帛书所说的"倍滴在中"和"倍滴在外",当指在月晕的内侧或外侧。这里的"私"当指臣子行奸邪。

月亮的形状也有吉凶意义:

月七日不弦,主【人将死】。

月相的变化其实是人类视野中月亮被太阳照到的那一部分的变化,在农历每月初七、八的时候,上半夜看到的月亮只有朝西边的一半是亮的,由于样子像弓弦,且在上半月,所以叫上弦月。到二十二、二十三日的下半夜,看到月亮只有朝东的一半是明亮的,这叫下弦月。由于上弦、下弦都是周期性的,所以通常能在固定的时间观察到。但是,有时会因大气环境,或其他因素的影响(比如月亮的运行轨道会受到太阳引力的干扰),使人们观察不到弦月。"月七日不弦",说的就是没有观察到上弦月。

与"月七日不弦"性质类似的,还有以下一条:

月旬五日不盈,其国亡【地】。

月亮在每月的十五日时当是满月,即"盈",若"不盈",则为反常现象,是非常不吉利的。

【月椐】受衡,其国【安】;月立受绳,其国亡地。

在每月的十五、十六这两天左右,月亮大体是圆的,恐怕说不上"立"或"椐"(读作踞)。因此,"月立"或"月椐"当是说月亮不全亮时的情况,即月亮上明暗间的分界线的倾斜度。

在《日月风雨云气占》中,还有一些占测涉及月旁气,月晕,月亮的亮度、形状等,情形繁多。月亮是地球上最易观察到的天体之一,因此人们对它观察得非常仔细,星占家也总结得比较多。

太阳是另一个容易观察到,且对地球极其重要的天体,星占家不能不重视。在《日月风雨云气占》中,记录了许多与太阳相关的天象,比如日晕、日珥等。

> 日耳(珥)佩,客环(还);月佩耳(珥),主人环(还)。
> 日交军(晕),军畏。
> 日连军(晕),人主大遇。尽白,大和;尽赤,兵起,攻,忧国,先者得地多。
> 日重军(晕),军畏。

第一条中的"客""主人"可能是指战争中的双方,因为古代星占多预测军国大事,基本不涉及百姓日常。"主""客"的这种意义在下面的引文中还可以看到。

对于太阳在亮度方面的异常,星占家同样重视。

> 日出而阴昼见,其无军,国有忧;有军,军罢,客胜。

所谓"阴昼见",当指在白昼时太阳变暗。这种变暗应当不是平常多见的阴晴不定时太阳光突然变暗,应当是指白昼时,太阳光突然变暗到几近黄昏时的样子。

突然发生的异常之外,日月在亮度方面较常见的一些情形同样可以用来占测。

日徒毋光，军战，客不胜；月毋光，主人不胜。

这里说的"毋光"当指日光、月光不明亮的情况，日光不明亮，即是天气阴沉。月亮不明亮，也是气候阴沉时常见的。若在此时发生战争，就会有"客不胜""主人不胜"的预测。